KB270545

하느님 이것도 우연인가요

양수복

나눔일

하느님 이것도 우연인가요

양 수 복

나남

믿음과 사랑을 지닌
자녀다운 신앙인의 한 모습

성경은 하느님은 '사랑'이시고, '우리와 함께 계시는 분'(임마누엘)이라고 한다.

사랑이신 하느님께서는 우리와 함께 계시는 분이시기에 당신 자녀들이 무엇이 필요한지를 청하기도 전에 이미 잘 아시는 다정한 아버지이시다(마태 6:8 참조). 뿐만 아니라 그분께서는 심지어 우리의 머리카락까지 다 세어 두신 자상한 아버지이시다(마태 10:30 참조).

이 책의 제목 "하느님, 이것도 우연인가요" 이 말은 어떤 일이나 상황이 그냥 우연이라고 치부하기에는 너무나도 기가 막히는 상황이 반복되어, 그것이 더 이상 우연히 일어난 일이 아니라 필시 알 수 없는 어떤 손길이나 섭리가 작용한다는 저자의 확신을 역설적으로 표현한 것일 것이다.

　저자는 이 책에서 일상의 삶 안에서 신앙의 눈으로 아버지 하느님이 어떻게 당신 자녀의 삶에 개입하시고 손길을 내미시는지를 재미있고도 생생한 구체적인 일화들을 통해 살아계신 주님을 만나고 느낀 바를 우리에게 전한다.

　우리는 살아가면서 사람이든, 물건이든, 일이든, 그것이 무엇이든지간에 아는 만큼 보인다고 한다. 혹은 관심과 사랑이 있는 만큼 보이고 들리고 한다고도 말할 수 있다.

　이 책의 저자는 보통의 우리와 다를 바 없는 평범한 신앙인이다. 그러나 이 책을 통해 우리는 우리와 함께 하시며, 당신 자녀들이 무엇이 필요한지 잘 아시는 하느님 아버지께 대한 믿음과 사랑을 지닌 자녀다운 신앙인의 한 모습을 본다.

2014. 3
천주교 서울대교구 한남동 성당
이창준 미카엘 신부

나는 그동안 보여주시고 깨닫게 해주신
많은 체험을 책으로 엮어 나를 사랑하시는 하느님께 드리고자
이 글을 쓰고 있다. 다행히 하는 일이 책을 만드는 일이라
이 또한 하느님이 허락하시지 않았나 싶다.

하느님이
주라고 하셨어!

2010년 12월

한 해가 저물어 가는 12월의 어느날...

그 날은 셋째 오빠의 맏딸이 혼인을 하는 날이었다.

많은 사람들과 친척들로 예식 홀은 부산스러웠고 나도 오래간만에 만나는 집안 어른들의 안부를 여쭈며 여기저기 눈도장을 찍고 원탁 테이블에 자리를 잡았다.

잠시 후, 조금 전에 만나 반갑게 안부를 물었던 조카가 내 옆에 앉으며 아무렇지도 않은 듯 말했다.

"이모! 나 오늘이 이모 마지막으로 보는 것인지도 몰라요!"

"왜, 어디 가?"

"아뇨! 그런 것이 아니고, 나 대장암 수술 받고 항암치료 하고 있어요."

"말도 안 돼! 이렇게 건강해 보이는데 어떻게 그럴 수가 있어?"

"그리고 다른 곳으로도 조금 전이가 되었다고 하네요!"

"어떻게!"

조카는 이것저것 사업을 하다가 힘들어져 지방으로 내려가 살고 있었다. 그러다 보니 서로 연락도 자주 못했고 가끔 집안 행사나 있어야 볼 수 있었는데 그동안 병으로 많이 고생을 했단다.

마음은 아팠고 걱정도 같이 했지만 무슨 말로 위로를 하겠는가! 나는 이런저런 이야기 끝에 마지막으로 이렇게 말했다.

"병원에 가서 치료는 당연히 받아야 하지만 하느님에게도 의지해 봐, 기도하며 치료받으면 훨씬 더 좋아질 거야. 또 마음의 위로도 되거든. 집에서 가까운 성당에 다니며 하느님한테 부탁해. 도와 달라고. 나도 성당에 나가는데 너무 좋아. 나가 봐!"

"난 성당이나 교회 같은데 안 다녀요. 생각 없어요!"

조카는 우습다는 듯이 냉소적이었다. 나는 더 이상 뭐라고 말할 수 없었다. 잔칫집에 와서 환자 붙들고 선교하기도 그렇고. 옆에 있던 다른 사람들이 대화에 끼어드는 바람에 화제를 바꾸어 또 다른 이야기의 꽃을 피우고 조카의 처지는 잊어버렸다.

그날 저녁,

하루의 모든 일을 끝내고 여느 때처럼 잠자리에 들기 전 기도를 하기 위해 무릎을 꿇었다. 그리고 '주님!' 하며 엎드려 기도를 시작한지 30초도 되지 않았는데 나의 머리를 무엇인가가 '꽝'하며 내려쳤다.

그러면서 갑자기 정신이 없고 머리가 어지럽더니 오늘 결혼식장
에서 만났던 조카가 떠올려지며 마음이 찢어지듯이 아프고, 탄식이
나오기 시작하는 것이 아닌가.

"아~ 내가 어찌 이렇게 인정머리 없고 못 됐는지!"
"생활이 어려워지고 몸이 아파서 힘든 조카가 위로 받고 싶어서
일부러 찾아와 하소연 하는데 기껏 한다는 소리가 성당이나 가라고
하며 어떻게 사는지 물어 보지도 않고, 얼마나 아프냐고 위로 한 마
디 안 하고, 먹고 싶은 것 사 먹으라고 돈 만 원도 안주고…
아~ 하느님 용서해 주세요. 제가 너무 무심했습니다.
그러면서 입으로는 하느님, 하느님하며 나만 하느님 믿는 사람같
이 떠들고 다녔습니다.
용서해 주세요! 하느님, 하느님! …"
나는 정말 미칠 것 같았다. 너무 힘들고 괴로웠다.
그리고 하느님께 진정으로 부끄러웠다. 진정으로!
한참 동안 후회의 눈물을 흘리며 회개하다가 하느님께 약속했다.
"내일 아침 일찍 전화 할게요, 하느님!"

그런데 그 밤은 정말 길고 멀었다. 왜 그렇게 아침이 밝아오지 않
는지…
파수꾼이 새벽을 기다리는 것보다 내 마음이 새 아침을 더 기다렸
다는 시편의 노래처럼 나는 아침을 애타게 기다렸다.
그리고 동이 트자마자 큰 오빠에게 먼저 전화했다.

큰 오빠는 이렇게 일찍 웬일이냐며 전화를 받는다.

"오빠 OOO 전화번호 좀 알려줘요!"

"왜? 갑자기!"

"OOO가 암이라면서요?"

"그래! 아직 젊은데 나도 너무 마음이 아파."

"그래서 의사들 아는 사람들이 있는데 도움이 될까 해서요."

"그래라! 도움 줄 수 있으면 도와줘라."

나는 번호를 받자마자 곧 전화기를 눌렀다.

조카는 항암치료를 하며 집에서 쉬고 있었고 조카며느리가 직장에 나가 번 돈으로 생활한다면서도 명랑하고 긍정적이었다. 나는 무심함을 미안해하면서 은행번호를 물었다.

"왜요?"

"응, 내가 몰라서 병원에 한번도 못 갔으니까 과일값 좀 보내줄게, 먹고싶은것 사먹어!"

"아니에요. 제가 사 드려야 하는데요."

"다 나아서 돈 벌면 사줘. 지금은 내가 사 줄게! 그리고 가까운 성당에 나가서 하느님께 떼써 봐, 완치시켜 달라고. 들어 주실 거야!"

억지로 통장번호를 받은 나는 농협으로 달려가 50만 원을 입금시키고 다시 전화를 했다.

"많은 돈은 아니지만 먹고 싶은 거 사 먹어. 그리고 이 돈 내가 주는 것이 아니야. 하느님이 주라고 하셔서서 보낸 거니까 하느님께 감사해. 그리고 성당에도 나가봐. 큰 힘이 될 거야.”

이렇게 말한 후 전화를 끊고 나니 가슴을 짓누르고 있던 무엇인가가 사라지며 “아 ~ 살았다!” 하는 안도감과 평안함이 찾아왔다.

그 날 이후 한동안 아무것도 손에 잡히지 않았고 나는 멍청이같이 의자에 앉아서 생각하고 또 생각했다.

‘성령님이 오셨어! 이건 내 맘이 아니야, 난 그렇게 착하지 않아.’

‘성령님이 시키신 거야.’

‘주님이 보시기에 내가 너무 다른 사람들에게 무관심하고 배려할 줄 모르니까 나를 깨우쳐 주신거야.’

‘왜?’

‘날 너무너무 사랑하니까.’

‘주님 감사해요. 그리고 죄송해요. 너무 부끄러웠어요. 주님께...’

주말을 그렇게 정신없이 보낸 며칠 후, 하느님께 강한 펀치로 한 방 맞은 나는 아직도 그 후유증이 가시지 않아 멍하니 생각에만 잠겨 있다가 미리 약속되어 있던 점심시간에 맞추어 어느 모임장소로 나갔다.

그날의 모임은 사업을 크게 하시는 어느 한 분이 송년모임을 겸해 식사초대를 했기에 늦으면 큰 실례가 되는 자리였다.

모임장소에는 약속된 사람들이 아직 다 도착하지 않았고, 오래간만에 만나는 그 어른 한 분만이 일찍 오셔서 나를 기다렸다는 듯이 반가워하시며 악수를 청하는 나의 손에 무엇인가를 쥐어 주셨다.

"양 사장, 우리 일 도와줘서 내가 준비했어요. 연말에 필요한 곳에 써요!"

"이게 뭔데요? 사장님!"

"별거 아니에요. 나중에 보세요."

"제가 도와 드리다니요? 도와 드린 것이 없는데요!"

아주 고급스러운 포장을 한 네모난 작은 상자는 나를 너무나 궁금하게 만들어 그냥 참을 수가 없었다. 다들 모여 즐겁게 식사를 하는 도중 나는 화장실에 가는 척하며 선물상자를 가지고 나와 조심스럽게 풀어보고 너무 놀라 숨이 막힐 뻔 했다.

그 작은 상자 속에는 방금 은행에서 꺼낸 것 같은 새 돈 오만 원권 한 묶음과 여러 가지 음식을 먹을 수 있는 상품권이 몇 장 들어 있었다.

'아니 나에게 이런 것을 왜 주시지?'

'내가 도움 드린 것이 뭐가 있다고 이렇게 큰 돈을 주시는 거야?'

'아무런 이유 없이 이런 큰 돈을 받을 수는 없어!'

당황스럽기도 하고 까닭을 알고 싶은 마음에 조용히 상자를 드리며 사장님께 말씀드렸다. 이유를 알기 전에는 받을 수 없다고.

그러자 사장님이 말씀하셨다.

"양 사장 이번에 책도 출판했잖아. 무엇으로 도와줄까 하다가 책내는데 돈도 많이 들어갔을 것 같아서 책을 사는 마음으로 주는 거야. 보태 써요!"

이렇게 단호하게 말씀하시는데 더 이상 거절하면 오히려 분위기가 어색해질 것 같았다.

그때나 지금이나 출판으로 돈을 벌긴 어려운 상황이지만 우리 회사는 한 달 전에 책을 한 권 펴냈고, 그 책을 서너 권 우편으로 보내드렸었는데 사장님은 그것을 잊지 않으시고 우리처럼 작은 회사의 어려움을 배려하신 것이었다.

나는 사무실에 앉아 있어도, 차를 몰고 어디를 가더라도 두 사건이 머리에서 떠나지 않았다.

'이것도 우연이야?'

'나는 왜 맨날 우연이야. 말이 안 되잖아!'

'어떻게 오십만 원 보낸지 며칠만에 오백만 원이 들어올 수 있겠어!'

'하긴 난 항상 열 배로 주셨잖아. OOO도 OOO도.'

'사장님도 자주 뵙는 분이래야 설명이 좀 될 텐데, 자주 뵈도 그렇지 왜 돈을 주냐고?'

'하느님이 주셨어! 나를 한 방 먹이시더니 위로해 주시려고 주신 게 틀림없어.'

'그런데, 이 돈은 어디다 쓰라고 주셨지? 하느님이 목적 없이 주시지는 않았을 텐데!'

'어쨌든, 일단 교무금 밀린 것부터 내자.'

차일피일 미루며 아직 내지 않았던 하반기 교무금을 계산해보니 150만 원이었다.

'좋아, 하느님이 주신 것이니 하느님 빚부터 갚자.'

다음 주일 성당에 가서 미루었던 하느님 빚을 갚고 교무금 통장에 빨간 볼펜으로 이렇게 표시를 해 놓았다.

2010-07-25	감사헌금	100,000	400,000	본당
2010-11-07	2010 6~7월 교무	600,000	2,100,000	본당
2010-12-29	2010 8~12월 교무	1,500,000	3,600,000	본당

'나머지 350만 원은 또 알려 주시겠지!'

혼돈과 환희 속에 그 한 주가 다 가고, 다음 주일 미사 때 하느님은 나머지 쓸 곳을 알려 주셨다.

11시 미사가 끝나고 신부님은 성당 소식을 말씀하시며, 봄에 "탈출기여정 이스라엘 성지순례"를 떠날 예정이니 많은 사람들이 함께 하는 여행이 됐으면 하시고, 여행비는 350만 원이라고 공지하셨다.

'아! 이것이었나?' 어떻게 자로 잰듯이 딱 맞아 떨어질까!'
나는 신부님의 말씀을 듣는 순간 또 숨이 막히는 것 같았다.

'그렇구나. 하느님은 내게 사랑이 부족함을 지적하시고는 주눅이

든 나를 보시며 마음이 아프셨나봐. 그래서 날 위로하려고, 전혀 상
상할 수도 없는 사람을 통해 선물을 주신거야. 성지순례 여비를.'
　'줄 만한 사람을 통해서 주셨다면 하느님이 주신 것을 모르고, 당
연히 받을 것을 받았다고, 또는 운이 좋았다고 생각했겠지! 밀린 교
무금도 해가 가기 전에 마무리 하고 싶어서 기도했었는데.'

"그 분께서는 아프게 하시지만 상처를 싸매주시고
때리시지만 손수 치유해 주신다네." (욥기 5, 18)

라는 성경말씀이 생각났다.
나는 한동안 아무 말없이 하느님을 생각하고 또 생각했다.

끈까지
준비해 주시는 하느님

2013년 어느 봄날

"따르릉!"

"양 사장, 바쁘지 않을 때 시간 좀 내요."

"왜요?"

"볼리비아에서 사업을 하는 친구가 나왔는데 인쇄할 것이 있대."

"볼리비아! 그런 친구가 있었어요? 한번도 볼리비아에 친구가 있다는 말 못 들었는데 알았어요. 약속 날짜 잡아 봐요. 서로 편한 시간에 봅시다."

알고 지내는지가 이십 년이 넘은, 같은 광고 계통에서 사업하는 신현호 사장이 보잖다.

그의 다른 친구들은 여러 번 만나고 들은 적이 있어 대충 아는데 볼리비아에서 사업한다는 친구가 있다는 얘기는 처음이다.

"그 동안 한 번도 얘기 한 적이 없는데…"

각자 나름대로 바쁘게 산다는 세 사람이 서로 시간을 맞추려니 대여섯 번의 통화를 한 다음에서야 볼리비아에서 오신 정기태 사장님을 만나 첫 인사를 나누었다.

"따르르릉!"

"율리아 씨, 약을 잘 구한다면서요?"

"왜요?"

"볼리비아에서 수녀님이 오셨다 가시는데, 어린이용 약이 필요하시대요. 그곳은 해열제 한 알이 없어 아기들이 많이 죽는다네요. 돌아가실 때 가지고 가셨으면 하세요!"

"그래요! 그럼 부탁해 볼게요."

거래하는 제약회사들이 여러곳 있어 가끔 약을 찬조 받아 아이티나 어려운 나라에 가시는 선교사님께 드렸다는 이야기를 들은 성당의 사목위원회 부회장이신 도르띠아 자매님이 내 생각이 나서 전화했다며 안타까운 사연을 전한다.

'이번엔 어느 제약회사에 부탁을 하지? 그래! OO제약회사에 전화해 보자!'

전화 통화를 할 때마다 항상 밝게 웃으시는 김혜연 이사님은 좋은 일이라며 약을 주시겠단다.

"그런데요! 회사에서 약이 나가려면 여러 가지 절차와 기부금 영수증이 필요해요."

"그래요?"

도르띠아 씨가 다시 수녀님께 전화로 말씀 드렸더니, 약을 받기 위한 서류를 만드는데는 너무 시간이 촉박해서 아무래도 가지고 가시기가 어려울 것 같다고 안타까워하셨다.

"어려운 것 부탁해서 약속을 받아 놨는데, 어쩌지!"

아무튼, 갑자기 내 주위에서 볼리비아, 볼리비아 난데없이 볼리비아가 야단이다.

어디에 있는지도 잘 모르던 나라인데, 남미에 있는 우리나라의 4배 되는 면적을 가지고 있고 비행기로 24시간이 걸리는, 고산지대라 산소도 부족하고 세계에서 몇째 안가는, 엄청 가난한 나라여서 신부님, 수녀님들도 무지 고생한다는데…

"왜? 양쪽에서 볼리비아가 난리야!"

며칠 동안을 볼리비아에서 온 사람들로 부산스럽게 보내고, 제약회사에는 감사와 죄송한 마음을 전한 나는 다 끝났다고 생각했는데…

'가만! 그럼 두 분을 소개해줄까?'

'볼리비아에서 사업하시는 분이니까 현지에서 수녀님 좀 많이 도와 드리라고 부탁해보자. 그런데 한번 뿐이 안 본 사람인데 너무 부담을 주는 거 아닐까? 일단 전화는 해 보고!'

긁어 부스럼이라더니 나는 안 해도 될 일을 또 만들고 말았다.

전화로 이야기를 들은 볼리비아 사업가 정 사장님은 수녀님을 만나겠다고 시원스럽게 대답했다.

전에도 한국 수녀님들을 도와드린 적이 있다며, 자기도 가톨릭 신자란다. 수녀님도 볼리비아에서 일하시는 분이라니까 반가우신지 쾌히 승낙하셨다.

또 몇 번의 통화를 하고 강남역에서 수녀님을 만나기로 한 날, 먼저 약을 주겠다고 한 이사님과 점심을 같이하며 감사의 마음을 전하였다.

그래도 수녀님과의 약속 시간보다 조금 일찍 일이 끝난 나는 거래하는 협력 업체에 대금을 입금한다고 전화를 하니 의논한 일도 있으니 차도 마실 겸 직접 받겠다고 만나잖다.

"그럽시다. 수녀님과 약속 시간도 아직 여유가 있으니까요!"

은행에서 현금을 찾아 준비해 놨는데, 업체에서 다시 전화가 왔다.

갑자기 뭔 일이 생겼다나, 미안하니까 다음에 점심을 사겠다며 그때 달란다.

'뭐야! 돈까지 찾아 놨는데!'

전화로 통화만 하다가 처음 만난 아밀리아 수녀님은,

'저런 연약한 몸으로 어떻게 그 먼데까지 가서 하느님의 일을 하실까!' 하는 짠한 마음이 들 정도로 작고 호리호리한 몸매를 가지신 분이셨다.

3시에 같이 만나기로 한 정 사장님은 회의가 늦게 끝났다며 사십여 분이나 늦게 허둥지둥 나타나서 미안해 하신다.

한번 만난 볼리비아 정 사장님과 처음 만난 볼리비아 수녀님은 서로 볼리비아 현지이야기를 하며 신이 났다. 들어도 알지 못하는 도시들을 이야기하며, 별로 할 얘기가 없는 나는 수녀님 많이 도와주라는 얘기만 반복하고 있었고...

볼리비아 정 사장님과 헤어져 강남역에 모셔다 드리러 가는 길에 수녀님께 저녁식사를 대접하고 싶은데 집으로 가셔야 한단다.

'봉헌금이라도 미리 준비할 걸!'

준비성 없이 덜렁덜렁 그냥 나온 나를 속상해 하는 순간,

'아~ 아까 현금 찾아 놓은 것 있지! 그것 드리면 되잖아...'

"수녀님 가실 때 필요하신 거 있으면 사세요. 많지는 않지만..."

수녀님도 감사해 하시며 다시 만날 날을 기약하고 우린 그렇게 강남역에서 헤어졌다.

'하느님이 수녀님 도와 드리라고 갑자기 볼리비아 사업가를 데려 오셨나?'

'아니! 볼리비아에서 일하는 사람 돈 주고 찾아도 찾기가 힘든 일인데...'

'미국이라면 그럴 수도 있다지만'

'봉헌금도 하느님이 준비시키셨나?'

'아무 생각 없이 빈손으로 덜렁덜렁 나오니까 하느님이 보시기에 내가 너무 한심해서 현금을 찾게 일을 꾸미신거야.'

'이 일이 우연일까?'

수녀님의 일로 하루를 뺏기고, 돈도 뺏기고(?) 사무실로 돌아가면서 생각하고 또 생각했다.

'난 왜 이렇게 우연이 많아!'

하지만 나는 이렇게 모든 일이 끝난 줄 알았는데 하느님은 그것이 시작이셨다.

서너 달 후 가을이 깊어가는 어느 날, 낭랑한 목소리를 가진 성당의 자매님 전화를 받았다.

"율리아 씨! 볼리비아에서 일하시는 그 분께 부탁 좀 하면 안 될까요?"

"뭘요?"

"수녀님께 고추장이랑 이것저것 좀 보내드리고 싶은데, 배로 가면 육 개월 걸리고 비행기는 너무 비싸고, 미안하지만 볼리비아 가실 때 들고 가시면 비용도 안 들고 빨리 전해드릴 수도 있는데…"

"부담 안 되게 조금만 가져다주시면 어떨까 하고요. 얘기 좀 해 보실래요?"

이번에는 사목위원회 교육분과장이신 베로니카 자매님한테서 전화가 온 것이다.

"아~ 정말 좋은 방법이네요. 알겠어요. 해 보자고요. 그런데 지금 서울에 계신지 모르겠네요!"

나는 또 거침없이 대답했다.

대답은 시원스럽게 했는데 막상 부탁하려고 생각해보니 여러 가지가 걸렸다.

'고추장은 잘못 포장하면 터진다는데, 비행기 안에서 줄줄 새면 어쩌지!'

'비행기로 가는데 남의 물건을 가지고 가 달라니, 실례가 아닐까?'

'친한 사이도 아닌데, 너무 부담 주는 거 아냐?'

'그렇지만 이건 주의 종에게 보내는 것이잖아, 하느님 일하는 분에게.'

'나도 몰라, 하느님이 알아서 하시겠지. 일단 만나보고 얘기해 보자.'

정 사장님께 전화를 하니 통화가 안 된다. 한국에 안 계시는 것 같아서 메모를 남겼더니 며칠 후 연락이 왔다. 서울에 도착했다고.

"저~ 볼리비아 언제 돌아가세요?"

지금 막 도착한 사람한테 언제 돌아 가느냐니, 내가 생각해도 좀 심하다.

"이번엔 빨리 돌아가야 할 것 같은데요."

"그럼, 저~ 저~ 가실 때 수녀님께 드릴 고추장과 음식물 좀 가져다 주시면 안 될까요? 무겁지 않게 조금만 포장할게요. 비행기로 보내려니까 너무 비싸서요."

"그러세요! 주세요."

"진짜요?"

"몇 kg정도 포장할까요? 어떻게 전해 주실 수 있어요?"

마음이 변할까 봐 두 번도 묻지 않고 난 가져가는 방법부터 물었다.

"3kg? 5kg?"

"그러지 말고 제가 가방을 드릴 테니 거기 넣고 싶은 것 다 넣어요."

"15kg만 넘지 않게 담으세요."

그러더니 이민 가방 같은 큰 가방을 주신다. 바퀴가 네 개 달린 큰 가방을...

"여기다 보내고 싶은 것 다 담아서 달래요!"

이민 가방을 가지고 간 나를 보며 베로니카 자매님은 기가 막혀 할 말이 없는지 잠시 멍한 표정이다. '어머 어머' 하며,

"빨리 담아 놓으래요. 언제 떠날지 모르니까. 전화오면 얼른 가져다주면 되요. 히히."

집에 와 누워있는데 큰 가방이 눈에 어른거린다.

'아무래도 가방이 너무 커서 베로니카 씨가 힘들것 같아. 무엇이든지 함께 도와서 가방을 채워야 하겠어.'

'볼리비아는 바다가 없어서 해산물이 무지 비싸다니까, 중부 시장에 가자.'

며칠 후 멸치, 병어포, 새우 등 건어물을 사서 가져다주며

"이것으로도 가방을 좀 채우세요! 히히."

그날 저녁 누워 있는데 큰 가방이 또 보인다.

'가만! 그때 수녀님이 약을 가져가시고 싶어 했는데 약을 구해 볼까?'

아무래도 가방 사이즈가 자꾸 신경이 쓰인 나는 또 부스럼을 만

들기 시작했다.

'그런데 이번에는 어느 회사에 부탁을 하지? 한번도 안 한 곳에
해보자. 옳지! 거기다 해 볼까. 봉사 활동도 많이 하시고 성당도 다
니시잖아!'

나는 여러 곳을 손꼽아 보다가 서부역 앞에서 약국을 운영하시는
대학원 모임의 정연홍 회장님을 생각했다.

"회장님! 혹시 팔다 남은 아기들 약 좀 없을까요?"

전화로 조심스럽게 운을 띄우며 수화기로 들려오는 음성에 귀를
쫑긋!

"뭐하게요? 양 사장."

"볼리비아에 보내려고요. 거긴 해열제 한 알이 없어서 아기들이
죽는데요. 우리나라 수녀님들이 가서 봉사하시는데 약이 많이 필요
하대요."

"아이~ 그런데 보내는 것을 날짜 얼마 안 남은 거 보내면 안 되죠.
내가 빨리 주문해 놓을 테니까 전화하면 와서 가져가세요!"

"회장님 감사해요! 정말 감사해요. 역시 정 회장님이야!"

두말 안 하시고 선선히 약을 주문해서 주시겠다는 대답을 듣고 난
너무 기뻐 가슴이 뛰었다. 수녀님이 그렇게 가지고 가고 싶어 했던
약을 보낼 수 있다니...

"약도 좀 구할 수 있을 것 같아요."

"진짜?"

베로니카 자매님도 너무너무 좋아하신다.

며칠 후 가을비가 하루 종일 내리는 오후.

차도 안 가지고 외출했는데 약국 정 회장님께 연락이 왔다.

"양 사장, 빨리 와서 약 가져가요. 난 조금 후에 일 보러 나가야 해요!"

"알았어요. 지금 갈게요!"

그런데 차가 없다.

'그럼 택시에 실어 오면 되지 뭐' 하며 약국으로 발걸음을 옮기던 나는 감사한 마음을 전할 겸 건너편 대형마트에 들려 포도 한 상자를 샀다.

그런데 배달이 안 된단다.

'어쩌지! 차도 없는데.' 하며 망설이고 서있으니까 종업원이 손가락을 가리키며 포장할 곳을 알려준다.

그 곳에 가서 순서를 기다리는데 웬 아주머니가 어리버리하게 서 있는 내가 답답했는지,

"포장 하려구요?"

"네."

"내가 해 줄게요."

그 분은 나의 대답도 듣지 않고 포장 끈을 풀더니 둘둘둘둘 십자 모양으로 몇 번을 말아 묶어서 단단하게 만들어 주었다.

"이렇게 많이 안 묶어도 되는데~요. 금방 가는데."

"이렇게 묶어야 힘이 안 들어요!"

"아 ~ 네~ 감사합니다!"

약국으로 가면서 나는

'아무리 남의 것이지만 너무 함부로 낭비하는 것 아냐.'

하지만 단단히 묶은 포도 상자는 들고 가기는 너무 좋았다.

약국에 도착해보니 비는 오는데 손님은 많고, 회장님은 무척 바빠 보였다.

그런데 "양 사장 차에 실어 줄게요." 하시며 내 놓으시는 박스는 그냥 들고 갈 수 없을 만큼 부피가 컸다.

"차 안 가져 왔는데요. 택시 타고 갈 거예요."

"그래요. 그럼 끈으로 묶어야겠는데 끈이 어디 있나. 끈이 없는데 어쩌지?" (두리번 두리번)

"회장님 끈 여기! 끈 여기 있어요!"

난 순간적으로 가져 온 포도상자의 끈을 풀면서 소리쳤다.

"어, 끈도 준비해 왔네."

끈을 풀어 약박스를 묶으니 자로 잰 듯이 끈의 길이가 딱 맞다.

"회장님, 감사합니다. 기도할게요. 수녀님께도 기도해 달라고 말씀 드릴게요."

택시를 타고 돌아오는데 갑자기 가슴이 멍해지며 무엇인가가 깨달아지는 것 같았다.

'아~그렇구나!'

'지금 이 일이 우리가 하는 일이 아니구나!'

'아니 세상에, 머리카락 한 올 까지 세시는 하느님이시라더니 이

릴수가.'

이렇게 끝까지 섬세하게 챙기시다니!

그러자 하느님이 내 옆에서 동행하시며 이렇게 말씀하시는 것 같았다.

"손님도 많고, 비까지 와서 분위기가 어수선한데 약 얻으러 와서 끈까지 찾아 내라고 정신을 빼서야 되겠니!"

"그럼 네가 너무 미안하잖아. 그래서 내가 끈도 준비한 거야."

"묶는 것은 네가 도와줘라." 하시며 영문도 모르는 채 서 있는 여인에게 명령하셔서 넉넉하게 끈을 사용하도록 만드시는 하느님.

그것도 모르고 남의 것이니 막 사용한다고 툴툴거렸으니…

베로니카 자매님에게 약을 전달하며 물었다.

"가방은 다 채웠어요?"

"말도 마세요, 여기저기서 들어 온 것이 많아서 다 못 가져 갈 것 같아요! 15kg이 넘으면 좀 덜어 내야죠! 그런데 언제 가신데요?"

"몰라요! 떠날 때 전화한다고 했으니까 기다려야죠. 뭐!"

그런데 이번에는 간다는 연락이 없다. 왜 안 가느냐고, 빨리 가라고 재촉할 수도 없고, 얼른 수녀님께 가방을 드리고 싶은데, 얼마나 좋아하실까!

'지금 어느 아기가 아파서 이 약이 필요할지도 모르는데.'

'주님 빨리 좀 가게 해 주세요. 사업은 볼리비아 가서 하게 하시고요.'

'주님이 심부름꾼으로 지목해서 쓰시는 사람이잖아요!'

드디어 떠난다는 연락이 왔다.

그런데 그가 지방에서 늦게 오는 바람에 떠나기 전날, 11월 10일
밤 10시가 넘은 시간에 혼자서는 들기도 힘든 무거운 가방을 전해주
며 감사의 마음을 표현한다며 기껏 한다는 소리가,

"하느님의 심부름꾼! 심부름 잘 하셔요."

"하느님이 얼마나 복을 많이 주실까! 기도해 드릴게요, 축복 듬뿍
주시라고...히히.."

수녀님의 연락처를 주며 한술 더 떴다.

"앞으로 일 년에 딱 한 번씩만 해요! 히히... 근데 현지에서는 어
떤 방법으로 전할거예요?"

"공항만 잘 나가면 돼요. 가방 뒤지면 세금 물어야 하는데 다 방법
이 있어요. 볼리비아 가서는 내가 알아서 다 할게요."

"하느님의 심부름이니까 걱정 안 해요. 어련히 알아서 하시겠어요."

난 자신 있게 말했다.

"내 일인가 뭐, 우리는 시키는 대로 할 뿐인걸. 히히.. 끝까지 준
비 해 주시는 분이신데 뭐!"

돌아오면서 난 중얼거렸다.

"하느님 제가 할 일은 다 했습니다. 이
제는 난 몰라요."

그리고 베로니카 자매님에게 문자를 날
렸다.

볼리비아에서 보내 준 사진들

삼 주 후, 서울로 돌아온 정 사장님과 통화를 하고 그곳 소식을 들었다. 수녀님하고 두 번 통화하고 가방 잘 보냈다고. 수녀님이 계신 곳은 볼리비아 수도에서도 아주 멀리 떨어진 아마존이 가까운 오지란다. 수녀님께서도 사랑이 가득 담긴 종합선물세트 너무 잘 받았고 감격이라고, 그 곳에 계시는 신부님도 드리고 의약품도 품목대로 다 받았다는 감사의 메일이 왔다.

난 오늘도 생각한다. 이 일이 우연이라고 어떻게 말할 수 있을까! 그럼 하느님은 이 일을 왜 만드셨을까?

난 결론을 내렸다.

하느님은 일단 수녀님 편이다.

연약한 몸으로 주님의 나라와 영광을 위해 헌신하는 당신 종의 어깨 위에 짐이 너무 무거운 것을 보신 하느님은, 수녀님 먼저 편히 볼리비아로 보내신 다음, 세상일로만 바쁜 우리를 뽑으셔서 더 많은 선물을 보내시려고 이번 일을 계획하신 것이 틀림없다.

그리고 각자에게 역할 분담을 하도록 시나리오를 쓰신 거지!

베로니카와 도르띠아 자매

신현호 : 율리아에게 전화해서 정 사장 소개해줘라.

(그도 나의 일꾼으로 써야겠다)

도르띠아: 어서 전화해서 약 얻어 놓으라고 해라.

(율리아가 앵벌이 기질이 좀 있잖니)

베로니카: 너는 이민 가방 채우고 수녀님 주소 잘 알아 놓아라.

(수녀님의 정확한 주소가 확인되지 않아서 볼리비아에 몇 번씩 전화하고 메일 보내고 애 먹었음)

율리아: 너는 여기저기 이어주고 구해서 모아 주는 역을 맡아라.

(오지랖이 넓은 것 아니까)

정기태 : 너는 비행기 퀵 써비스 맨이야.

정연홍 : 너는 약을 많이 준비해 둬라.

웬 여인: 보고만 있지 말고 끈 넉넉히 풀어서 포도 상자 묶어라. 아낄 필요 없어.

"넹, 넹, 넹."

하느님을 사랑하시는 이들 그 분의 계획에 따라 부르심을 받은 이들에게는 모든것이 함께 작용하여 선을 이룬다(로마8 : 28).

라는 성경 말씀이 이 일에 합당하신 말씀인가요. 주님!
묵상하고 또 묵상한다. 신앙의 신비를...

양파 좀 팔아줘!

2013년 어느 여름 날 오후

어느 모임의 회원과 상의할 일이 있어 그의 사무실을 방문했다.

"양 사장, 양파 좀 팔아줘!"

그는 고향에서 양파를 잔뜩 가져왔다며, 나의 친구들에게 좀 팔아 보란다.

"양파 장사해요? 역시 농협에서 퇴직하니까 농산물 사업을 하네."

따라와 보라며 창고에 데리고 가서 잔뜩 쌓아놓은 양파를 보여주는데 모르는 척 할 수가 없다.

어쩌다 한번 하는 부탁인데다 내가 먹을 양파도 잔뜩 주며 얘기하니 못 한다는 소리를 어찌 할꼬!

"일단 승용차에 실을 만큼 실어 봐요." 큰소리 치며 차 트렁크를 열어 놨는데 내 차의 트렁크에는 20kg 나가는 양파 두 자루와 마늘 한 자루가 들어가니까 더 이상 담을 수가 없었다.

"양파는 이만 원, 마늘은 오만 원 받으면 되요. 다 팔면 은행으로 구만 원 보내줘."

"알았어요."

하지만 돌아오면서 생각하니 도대체 떠맡길 데가 떠오르지 않는다.

이튿날 아침. 거래처와 약속이 있어 1호 터널을 빠져 나가는데 양파와 마늘이 실린 차는 매운 냄새와 무게 때문에 신경이 무척 쓰였다.

'어디다가 이걸 떠넘기지. 아이~ 못 한다고 할걸' 하며.

한남동 방향으로 나오다 보니 멀리 성당 쪽으로 눈길이 간다.

'아~ 그래, 성당에 한 자루 가져다주자. 뭘 고민해. 나눠주지 뭐!'

매주 화요일 마다 독거 노인들과 결손가정 아이들에게 반찬을 만들어 나누어 주는 봉사를 하시는 어르신들이 생각났다.

'난 일한다는 핑계로 제대로 봉사 한번 못했는데 그분들께 한 자루 드려서 조금씩 가지시라고 해야겠다! 그럼 총구역장님께 얘기해야겠지?'

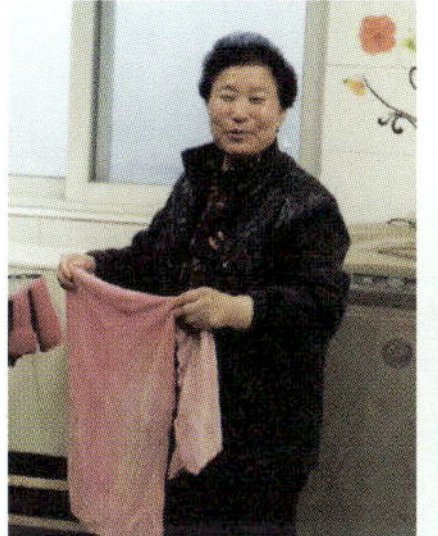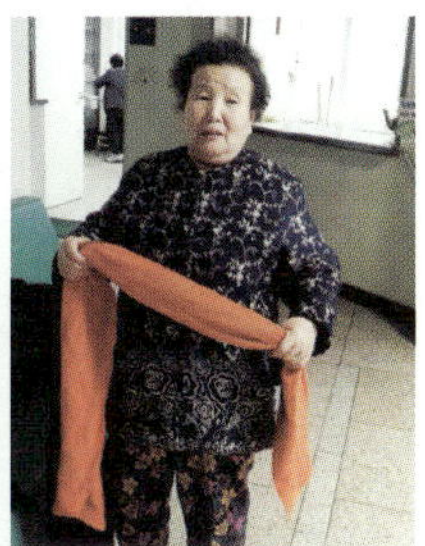

항상 즐거운 마음으로 밑반찬을 만들어주시는 어르신들

순간적으로 방향을 성당 쪽으로 돌려 길가에 차를 세우고 리드비나 회장님께 전화를 했다.

"회장님, 반찬봉사 하시는 분들께 양파를 드리고 싶은데, 성당주

방에 한 자루 가져다 놓을게요. 나눠 주실래요?"

"그러세요. 그런데 양파 더 있어요? 우리도 많이 먹으니까 한 자루 살게요!"

"네, 있어요."

"그럼 한 자루 주세요. 지금 어디쯤에 있어요?"

"어! 지금 미술관 앞인데 좌회전하면 회장님 댁이네요."

"그럼 빨리 오세요. 나가 있을게요."

골목을 내려가니 리드비나 회장님이 집 앞에 나와계셨다.

"양파가 얼마에요?"

"이만 원 받으래요."

사랑의 반찬배달꾼들

"마늘은?"

"오만 원"

"그럼 마늘도 내려놔요. 여러 집이 나눠 먹게."

"그리고 그 한 자루도 마져 내려놔요. 지금 성당에 가도 아무도 없어요. 무거워서 가져가기도 힘들고요. 내가 다 살게요. 우린 양파를 많이 먹으니까 두고두고 먹으면 돼요. 구만 원 드리면 되죠?"

냄새나는 양파와 마늘을 본 총구역장님은 안타까운 마음이 드셨는지 그 많은 것을 다 떠안았다.

생각지도 않은 곳에서 전화한지 10분 만에 그 무거운 것들을 다 내려놓고 떠나는데 자동차가 어찌나 가벼워졌는지 날아갈 것 같다.

"이게 웬일이야!"

조금 전까지 그 무거운 것 때문에 고심했는데 이렇게 쉽게 해결이 되다니…

하루 종일 양파 생각이 떠나질 않아 생각하고 또 생각했다.

'그렇구나!'

주님께 충성하는 이들의 노고와 하지도 않으면서 항상 핑계거리만 찾는 내가 미안해서 보잘것없는 아주 작은 것을 드리려고 했을 뿐인데, 주님은 그 마음만을 기쁘게 받으시고, 10분 전까지 고민 같지도 않은 고민을 하고 있던 나의 문제를 순식간에 해결해 주셨구나!

이 작은 것에도 기뻐하시는 주님이신데 나는 왜 그렇게 주님을 기

양파를 다 떠안은 리드비나 회장님과 중국 선교 수녀님들

쁘게 해 드리는 것이 힘이 드는지...

'주어라 그러면 너희가 받을 것이다' 라는 말씀이 이럴 때 합당한 말씀인가요. 주님!

"다음에는 좀 더 큰 것을 나눌 수 있는 마음을 주소서. 그것은 제 힘으로는 될 수가 없음을 저는 잘 압니다. 그렇다고 가진 것 모두 주라고 하지는 마셔요. 시험에 빠질까 두렵습니다. 히히..."

*** 봉사하시는 자매님들에게 드리려고 했던 무거운 양파는
　　　나중에 가벼운 고등어로 드렸다.

돈은 주면 뭐하노,
하느님이 줬다는데!

2012년 봄

양재역 근처에 오래전에 사둔 아파트가 있다.

미래에 대한 불안과 노후생활대비라는 그럴듯한 명목으로 분양 받았지만, 사실은 값이 많이 오를 것이라는 분양자의 말에 큰 기대를 걸고 무리를 해서 융자를 잔뜩 안고 계약을 한 것이다. 그러나 오르기는커녕 팔리지도 않고 지금까지 나를 엄청 힘들게 하는 큰 근심 덩어리가 되었다.

그때는 성당을 나간지 얼마되지 않아서인지 하느님에 대한 믿음도, 신앙인의 기본자세도 없을 때였고 더 늙기 전에 노후 준비를 해야 한다며, 오직 돈 버는 것은 부동산이 최고라는 신념을 가지고 대학교에서 운영하는 부동산학과에 입학해 투자니 경매니 하는 강의를 열심히 듣고 메모하며 설치고 다닐 때였다.

내 집 값만 많이 오르면 성공이라는, 생각해 보면 욕심과 이기심으로 가득 찬 매일 매일을 살아가고 그것이 세상을 어지럽힌다는 것을 몰랐다. 누군가가 부동산투자로 돈 많이 벌었다고 하면 그 사람의 투자 감각이 어찌나 부러웠던지...

그 아파트로 인하여 여러 사람들과의 좋았던 관계도 금이 가는 일도 생기고, 경제적으로도 많은 손해를 보며 나는 정말 회개와 용서를 구하는 기도를 얼마나 했는지 모른다.

하느님께 다시는 노력하지 않고 거저 얻으려는 삶은 살지 않겠노라고 맹세하고 또 맹세했다.

2012년 봄, 나를 그렇게 힘들게 하는 양재동 아파트는 어느 젊은 전세 세입자와 계약을 하면서 결국 나를 재판관 앞에까지 가도록 하는 일을 만들고 말았다.

부동산 사무실에 삼억 팔천만 원에 전세를 놔 주면 이천만 원은 은행 융자를 갚겠다는 조건을 제시해 놨는데, 삼억 육천만 원에 어느 젊은 부부가 계약을 하고 싶어 한다고 연락이 왔다.

'그러지 뭐! 많이 받아보았자 언젠가는 돌려줘야 할 빚인 걸. 또 젊은 부부가 삼억 육천만 원 정도의 전세금을 마련하는 것도 쉽지 않았을 텐데.'

"그렇게 하세요!"

나는 더 이상 망설임 없이 계약서에 서명했다.

그러나 이천만 원을 내려 주었기 때문에 융자는 감액할 수 없다는 조항을 계약서에 넣었어야 했는데, 나는 그것까지는 생각하지 못했고, 부동산 중개인은 처음 내가 제시한대로 이천만 원을 감액한다고 계약서에 넣어 작성하였다. 매사에 꼼꼼히 챙기지 못하는 성격의 나는 제대로 읽어보지도 않고 바삐 일을 처리하고 돌아왔다.

그리고 두 서너 달 후 세입자로부터 전화가 왔다. 왜 융자금 이천만 원을 상환하지 않았느냐며 빨리 계약대로 상환하지 않으면 계약을 위한 것이므로 법적으로 하겠다고 으름장을 놓았다.

난 전세금을 낮춰 주었기 때문에 당장 상환은 어렵고, 이자를 줄이기 위해서라도 갚지 말래도 갚아야 하니 계획했던 돈이 들어오면 상환할 것이라고 그를 이해시켰다.

또 몇 번의 독촉 전화가 오더니, 어느 여름날 법원에서 우편물이 날아왔다.

약속 불이행으로 인한 정신적인 피해 보상금으로 전세금의 10%와 이사비용, 부동산 수수료, 재판 비용 등을 내놓으라는 것이다.

"뭐야!"

황당하고 기가 막혔다. 그러면서 계약서를 꼼꼼히 챙기지 못한, 항상 덤벙대는 나에게도 화가 났다.

"나는 왜 맨날 이렇게 실수투성이야. 다른 사람들처럼 꼼꼼하지 못 하고 그러니 이렇게 생고생을 하며 살지. 남의 생각은 왜 해. 깍아 주고 당하고." 후회해도 소용없는 일이다. 난생 처음 고소를 당해보니 엄청 큰 죄나 지은 것 같이 가슴이 뛰고, 아무 일도 할 수가 없다. 주위에 여러 사람들과 이야기해보니 어쨌든 일단 법적인 대응은 해야 한단다.

'누구에게 부탁하지?'

그 무렵 거진 삼십여 년 동안 내 주민등록 주소지가 있던 곳에서 잠원동 집으로 옮겨야 하는 일이 생겼다.

주소지를 옮긴지 얼마 되지 않은 7월의 어느 날, 정말 꿈에도 생각지 않은 어느 지인에게 전화가 왔다.

8~9년 동안 소식이 끊겼던, 어느 사교모임의 같은 회원이었던 황보 회장님이다. 서로 안부를 물은 다음 그는 서초 구민을 위한 부동산CEO교육과정을 구청에서 하고 있는데 나를 추천하고 싶다며 같이 교육을 받자고 한다. 구민을 위한 교육이기 때문에 주소지가 서초로 되어 있어야 한다며, 알고 기다렸다는 듯이 연락이 온 것이다. 입학원서도 알아서 다 해 놨으니 입학식 때 보잖다. 그러며 하는 말이 경쟁률이 높아서 아무나 쉽게 들어 올 수 없다나.

다른 회원들에게 물어보니 자기들에게는 연락도 없었고, 소식을 아는 사람이 아무도 없었다.

'왜 나한테만 연락을 했을까? 나를 어떻게 기억하고 있을까? 평상시에 그렇게 친했다고 말할 수 있는 사이는 아니었는데… 어떻게 삼십여 년 동안 주소지가 다른 곳에 있다가 옮긴지 얼마 안 되는데, 우연인가???'

그는 강남에 큰 빌딩들을 설계한 한마디로 요즘 잘 나가는 건축설계사 중의 한사람이 되어 있었다.

입학식때 만난 새로운 모임의 사람들은 다양한 직업을 가지고 열심히 일하는 분들이었고 하느님은 나를 도와 줄 조영찬 변호사님도 예비해 두고 계셨다. 그분도 나를 추천한 황보 회장님이 나와 같은 방법으로 불러들였다. 그곳에!

교육을 받기 시작한지 한 달도 되지 않아서 법원의 우편물을 받은 후에 여러 사람들과 의논을 해보니 변호사에게 상담하는 것이 제일 확실하단다. 그러니 자연스럽게 하느님이 예비해두신 조 변호사님 에게 부탁할 수밖에 더 있겠는가!

고소장을 읽어 본 변호사님은 아무 걱정 말라며 알아서 다 써 줄 테니 법원에 접수만 하란다.

피고는 인지대도 들지 않는다며. 그리고 자기의 수고료도 신경 쓰 지 말라고 말했다.

거대한 몸으로 몇 시간을, 땀을 뻘뻘 흘리며 고치고 또 고치고 하 며 작성했는데, 나는 감사의 말만 하고 돌아 나오며,

"한턱 쏠게요! 땡큐."

2013년 1월 15일

법정의 판사님은 우리에게 중재안을 내놓으시며 빨리 결정하는 것이 원고에게 유리하다며 서둘러 판결을 내리셨다.

원고에게,

"강남의 전세비가 하루가 다르게 오르고 있으니 지금부터 빨리 이 사 갈 집을 구해 앞으로 두 달 후인 3월 15일까지 집을 비워주시오. 정신적인 피해 보상은 원고가 구체적인 입증을 하지 못했고 하기도

어려우니 인정할 수가 없습니다.”

　피고에게,

　“3월 15일 금요일까지 전세금 삼억 육천만 원을 돌려주시오.”

　그리고 물으셨다.

　“이사비용은 150만 원으로 하면 되겠습니까?”

“네, 판사님 결정에 따르겠습니다.”

“답변서는 누가 썼습니까?”

“저~ 아는 변호사님이~”

판사님은 잘 알겠다는 표정을 지으셨다.

판사님도 능력을 인정한 조영찬 변호사

　　원고는 소송비용이 250만 원 들었으니 그 돈은 어떻게 하느냐며, 달라고 하자 판사님은 그것은 다시 소송을 해야 하는데, 돈도 또 들고 시간이 많이 걸릴 것이며, 이긴다는 보장도 없으니 포기하는 것이 좋겠다고 조언하시며 판결을 내리셨다.

　재판이 끝난 후 세입자 부부는 화가 난 표정을 하며 돌아갔고 같이 재판장에 간 딸과 나는 안도의 한숨을 쉬며 돌아왔다.

　나는 그것으로 세입자 문제는 모두 끝난 줄 알았고, 전세는 없어서 못 나간다니까 걱정할 필요가 없는 줄 알았다. 그러나 그때부터 더 큰 기도거리가 기다리고 있었다.

　나는 너무 모든 일을 가볍게 여긴 것이다.

　판결이 끝나자 마자 아파트 주위의 모든 부동산 사무실에다 집을 내놨는데 다들 난리다. 전세 나온 집이 없어 계약하려는 사람들은 줄을 섰는데 세입자가 집을 안 보여준단다. 평일에는 부부가 직장에 가고 주말에는 외출하고, 그렇게 날짜는 흘러서 3월 15일이 얼마 남지 않았다.

나는 초조해지기 시작했다. 집이 나가든 안 나가든 그 날짜에 돈을 돌려줄 의무가 있는 것이다. 세입자는 그 날짜에 집을 비워야 하고.

하느님께 매일 기도했다. 아니 하루 종일 생각하며 기도했다. 떠나는 세입자에게 우리 집보다 더 좋은 집을 구해 주시고 이사 가서 아기도 낳고 그 가정에 평화주시고, 그 날짜에 전세금을 돌려 줄 수 있도록 계약도 하게 해 주시라고. 돈을 돌려주지 못해 젊은 사람들에게 수치를 당하지 않게 해 달라고 매달렸다.

그러나 날짜는 두 주일도 안 남았는데 집을 보기 어렵다는 부동산 사무실의 호소만 있을 뿐 계약하겠다는 사람은 나타나지 않았다.

'돈이 한 두 푼이라야 어디서 빌려 보기라도 하지!' 잠이 안 왔다. '얼마나! 돈 달라고 난리를 칠까!'

옆에서 지켜보던 딸이 나에게 문자를 보냈다. 세입자에게 전화해서 날짜를 조정해 보라고. 가만있으면 어떻게 하냐고.

"기도하고 있어. 염려 마. OOO도 OOO도 또, OOO도 그때마다 하느님이 다 해결해 주셨잖아!"

하며 큰 소리를 치고 나니까,

'하느님이 이번에는 이 일을 어떠한 방법으로 도와주실까?

변호사도 대기시키셨잖아. 판사님도 감탄한 답변서를 쓸 수 있는 훌륭한 무료 변호사를!'

가슴 속 깊은 곳에서 야릇한 기대감과 뭔지 모를 흥분이 잔잔히 솟아났다. 누구에게도 말할 수 없는 나만의 그 무엇이…

드디어 법적으로 전세금을 돌려줘야 할 날짜 열흘 전에 세입자에게서 첫 문자가 왔다.

"돈은 준비 되셨나요? 3월 15일까지이고 이후에는 연이율 20프로씩 이자가 가산됩니다."

그리고 육일 전,

"집이 15일 이후에 나가더라도 미루어진 날짜만큼 연리 20프로씩 부과할 것입니다."

나는 성격이 급하고 차분하지 못해 전화로 통화하면 언성을 높이고 싸울 것이 분명한지라 문자를 보냈다.

"집값 깎아 준 잘못으로 이런 고통을 자식 같은 사람한데 왜 당하는지… 하느님이 왜 이런 일을 만드시는지는 모르겠지만 집 보러 오면 협조해줘요… 그냥 다시 살면 안 되나요? 요즘 전세비도 많이 올랐는데."

그러자 그는,

"재판이 장난입니까? 이사할 거니까 그 날짜에 돈 주세요." 라고 대답이 왔다.

"알았어요!"

난 쿨하게 문자를 보냈다. 돈 쌓아 놓고 날짜 기다리는 사람처럼.

3월 15일이 한 일주일 남은 어느 날

아침에 TV를 보며 출근 준비를 하는데 뉴스 프로에서 아나운서가 말했다. 요즘 예금이자로 사는 사람들이 이율이 너무 낮아 살기가 너무 힘들다는 것이다.

나는 순간 잘 아는 부동산 사무실에서 아파트를 월세로 주면 은행금리 보다 훨씬 높아서 월세로 돌리는 집주인들이 많고, 사모님도 웬만하면 그렇게 하시라고 한 말이 생각났다.

'그래 바로 이거야, 돈 많은 누군가가 우리 집을 전세로 얻어서 월세로 돌리면, 나는 세입자에게 돈을 돌려 줄 수 있고, 그 사람은 높은 이자를 받아서 좋고.'

근데 내 주위에 누가 제일 부잖가? 현금을 가지고 있어야 하는데! 나의 머리는 갑자기 바빠지기 시작했다. 그리고 궁리 끝에 남자 한 사람, 여자 한 사람을 선정해 아침부터 전화했다.

남자_양 사장 나 그렇게 많은 돈 없어. 현금 조금 있는 거 빌려주고 이자로 용돈 좀 쓸 정도야! 땡!

여자_언니 지금 그렇게 많은 현금이 어디 있어? 그리고 월세 안 나오면 어떻게 해. 남편도 반대해. 언니! 땡!

"이 방법이 아닌가?"

월요일

드디어 판결 날짜가 들어있는 주 월요일이 왔다. 나는 여전히 할 수 있는 것이 기도뿐이라 기도만 하고 있고, 세입자는 의기양양해 하며 문자를 보냈다. 은행으로 한 달 이자 300만 원을 미리 보내란다. 제멋대로다. 승리자의 기분을 맘껏 누리는 것 같았다.

하루종일 가슴은 무겁고 밖에 나갈 기분도 아니라 사무실에서 우울하게 창문만 바라보고 있던 나는 갑자기 무엇인가 홀린 듯이 누군가에게 전화를 하기 시작했다.

그런데 전화를 안 받는다.

힘없이 다시 창문을 바라보고 있는데 전화 벨소리가 울렸다.

"양 사장, 전화했네! 무슨 일이야?"

"아니~ 뭐 별것은 아니고요. 근데 몇 년 전에 강남에 아파트 산다더니 샀어요?"

"아니, 그때 안 사고 몇 달 전에 샀어요. 요금 부동산 가격이 많이 내려서 아주 좋은 값에 샀지! 히히.."

"똑똑한 사람은 다르네. 좋겠다."

난 한숨을 쉬었다.

"근데, 왜?"

나는 상황 설명을 하며 내 집을 월세 놓을 때 얼마나 이자가 높은지 얘기했다.

"그런데 몇 달 전에 집을 샀다니! 돈도 없을 것 아냐!"

"그래, 전세 가격이 얼만데?"

"삼억 육천!"

"아~ 음~. 삼억 육천 없겠어? 내일 아침에 내 사무실로 와 봐요!"

"정말? 알았어요."

갑자기 희망이 보이기 시작했다. 그러면서 가슴이 설레었다.

전화 통화를 한 김홍겸 교수님도 서초구청 교육 과정에 불러준 황보 회장님과 같은 사교모임에 회원이었다. 그 모임은 없어졌지만, 다른 여러 과정에서 강의도 하며, 각종 행사 때 마다 자주 만나는, 아주 오래된 지인으로 우리를 즐겁게 하는 유머가 풍부하고, 해박한 지식을 자랑하는 분이다.

화요일

아침 일찍 강남에 있는 그의 사무실로 갔다. 20여 년을 알고 지냈는데도 사무실에서 만나기는 처음이다. 나의 이야기를 들은 그는 괜찮은 것 같다며 자기가 세입자 전세금을 주고 월세를 받겠단다.

그러면서 하는 얘기가 이달 말경에 삼억 칠천만 원이 은행에서 나온단다.

만기되는 적금이 있는데 세금 빼면 그 정도 금액이 된다며,

'아~ 드디어 하느님이 역사하시기 시작했구나!'

그러더니 거래은행에 전화를 해서 금요일에 돈이 필요하니 며칠만 대출을 좀 해달라며 서류가 무엇이 필요한지 자세히 묻는다.

"걱정마. 양 사장, 내가 투자할게."

돌아오는 차 안에서 나는 소리 질렀다! 아주 크게!

"하느님, 감사합니다! 주님, 감사합니다! 성모님, 감사합니다!"

수요일

"따르릉~"

아침 일찍 전화 오는 것치고 반가운 소식 별로 못 보았다.

"양 사장, 내가 곰곰이 생각해 봤는데 너무 복잡해! 월세 제때 안 나와도 문제고, ○○하고도 얘기하고 ○○하고도 의논해보니까 담보 잡아 놓고 돈 주면 훨씬 높은 이자 받을 수 있는데, 무슨 그런데다 투자하냐고 다들 반대해. 나도 그 말이 맞는 것 같아!"

○○하고 ○○는 나도 다 아는 사람들이다. 도와주지는 못할망정 쪽박을 깨다니!

"그래서 어쩌라고, 어젯밤에 얼마나 많은 감사 기도를 드렸는데…"

'어쩐지 쉽게 대답을 하더라니!'

나는 속으로 중얼거리며 기운이 쭉 빠짐을 느꼈다.

"그래서 안 할래요?"

난 힘없이 말했다.

"근데 양 사장 내가 약속을 했잖아! 돈을 빌려 줄게. 빨리 전세를 놔서 돌려줘! 이자는 은행 금리로 계산해서 주고, 대신 근저당 설정을 해줘. 설정비용은 양 사장이 내고!"

지금 이자가 문젠가, 젊은 사람들한테 수모 당할 판인데,

"고마워요! 그렇게 할게요!"

"금요일 몇 시까지 올래요? 수표로 준비해 놓을게."

"11시 반까지 갈게요. 고마워요! 세는 워낙 잘 나가는 곳이니까 며칠 안 걸릴 거예요!"

"법무사님은 내가 아는 분보다 교수님이 잘 아는 분에게 맡기는 게 좋겠어요. 12시에 아파트 지하에 있는 내가 거래하는 부동산 사무실로 오라고 하세요."

세입자는 신이 나서 문자를 매일 보낸다.

"설마 네가 그 많은 돈을 어떻게 구할 수 있겠니!" 하는 투다.

나는 손에 돈이 들어 올 때까지 아무 대답을 안 하기로 작정했다. 또 무슨 변수가 있을까 봐 불안하기도 하고, 김 교수님에게 다짐받는 전화했다가는 안 한다고 할까봐 날짜가기만 기다렸다.

그리고 그제서야 딸에게 얘기했다. 하느님이 누군가를 시켜서 돈을 빌려 줄 것 같다고!

딸은 돈이 들어오면 그것은 기적이라며 놀라워했다.

"거봐, 하느님이 해 주실꺼라 했잖아. 엄마가 기도하고 있다고 했지!"

목요일

세입자에게서 문자가 또 왔다. 이자 타령을 하며 선이자를 보내란다.

나는 은행 마감 시간이 될 때까지 잠잠히 있다가 5시가 다 되자, 김 교

수님도 다른 연락이 없고, 이제 별다른 문제는 없을 것 같은 느낌이

왔다. 나는 세입자에게 문자를 날렸다. 힘차게!

"관리비 정산은 하셨나요? 이삿짐 차에 실어놓고 내일 12시 30분까지 지하 부동산 사무실로 내려오세요."

세입자는 내가 호기를 부리는 것으로 알았는지, 다시 문자를 보냈다.

"돈을 줘야 짐을 싸지."

"돈과 집 열쇠는 맞바꾸는 거니까 걱정 말아요. 다 정리하고 내일 봅시다."

세입자는 한참 뜸을 들인 다음 답을 보냈다.

내일 이사를 못 가겠다며, 갑자기 나가라고 하니까 또 법적으로 하겠단다(법을 어찌나 좋아 하던지).

"맘대로 하세요. 나도 당신들처럼 내일부터 연이자 20%로 전세금에서 제하면 됩니다. 나도 이자 돈 빌려 놓은 것이니까요!"

그때부터 아무 연락이 없다.

금요일

나는 1월 첫 주 금요일 아침 10시 미사를 시작으로 매주 금요일은 서소문 순교자 성지에서 야외미사를 드리는데, 그날의 금요일은 하느님께 더욱 간절한 마음으로 미사를 드렸다. 서로 좋은 얼굴로 잘 끝내고 평화를 빌어줄 수 있도록 해 달라고 기도하고 또 기도했다. 그리고 나는 강남의 김 교수님 사업체가 있는 사무실로 당당히(?) 들어갔다.

하느님이 지금 나를 위한 재미있는 이야기가 있는 시나리오를 쓰고 계신다는 확신이 들었기 때문이다.

김 교수님은 전날부터 은행에 가서, 대출을 받고 부족한 것은 다른 통장 4개를 해약해 채워서, 수표 한 장으로 완벽하게 준비해 놨다며 보여준다.

그런데 표정이 좀 화가 난 듯 보였다.

"내가 미쳤나봐. 내 인생에서 이런 실수를 한 적이 없는데. 왜 내가 이런 짓을 하고 있지? 약속 한번 잘못 하는 바람에 이건 아닌데."

세입자를 만나러 가는 차 안에서도 김 교수님은 계속해서 불만을 토해낸다. 내가 왜 약속을 했는지 모르겠다는, 자기 인생에서 이런 실수는 처음이라는 둥, 액수 맞추느라고 예금통장을 4개나 해약했다며 중도해약이라 손해가 많아 준비하면서도 화가 나고,

"내가 지금 뭐하고 있는 거야?"

알 수가 없단다.

"내가 이런 사람이 아닌데." 등등.

나는 웃으며 대답했다.

"이 일 교수님이 하는 것이 아니야."

"그럼 누가해?"

"하느님이 교수님을 찍은 거예요. 나 도와주라고!"

"아휴 ~됐어요."

"하느님이 엄청 복을 주실 거야. 하느님은 공짜가 없으시거든요. 히히, 하느님이 찍으셨다는 것은 하느님이 교수님을 기억하

신다는 거예요. 얼마나 영광이야. 두고 봐요, 좋은 일이 많을 거예
요! 히히!"

나는 계속 웃음이 났다. 히히히…

부동산 사무실에 도착하니 의정부에서 오신 법무사님이 기다리
고 계셨다. 교수님과 가까운 사이라 먼 곳이지만 오시라고 했단다.

부동산 사무실 사장님과 법무사, 교수님이 보는데서 전화를 했다
정산하러 내려오라고,

"어~ 전화기가 꺼졌네?"

황당했다. 어제 이사 못 간다고 난리치더니 부부가 모두 출근해버
린 것이다. 다시 근무처로 전화하니, 이사 못 가겠으니 맘대로 하라
며 전화를 끊어 버렸다.

우리는 옆에 있는 음식점에서 수제비로 점심을 먹으며 대책을 세
웠지만 어쩔 수가 없다. 나는 문자로 최후통보를 했다.

"오늘부터 당신이 나에게 문자 보낸 기준, 연20% 이율로 월세
를 계산해 전세금에서 제할 것이며 이후로 모든 책임은 당신네에
게 있다."

우리는 한참을 더 기다렸지만 연락은 없었고 전화기도 꺼져있었다.

"그럼 마냥 기다릴 수가 없으니 오늘은 일단 돌아갑시다."

김 교수님이 말했다.

"근데, 내일이라도 이사 간다고 돈 달래면 어쩌지요?"

"양 사장, 걱정 마요. 약속 한거니까 돈은 줄게."

"법무사님도 죄송하지만 그냥 가셔야 할 것 같네요. 보다시피 일이 진행이 안 됐으니 다시 전화 드리면 오십시오."

법무사님은 설정비용과 수수료로 170만 원을 준비하라며 떠났다. 그 먼데서 왔는데 너무 미안했다.

우리도 지치고 더 기다릴 수가 없어 힘없이 돌아서고…

그렇게 한나절을 보내고 교수님이 운영하는 회사에 거의 가까이 왔을 때 전화벨이 울린다. 세입자다.

"오늘 저녁 7시까지 다 준비해 가지고 오세요. 밤에 이사갈 거예요. 수표는 안 받아요. 현금으로 줘요."

갑자기 거금을 준다니까 속이는 줄 아는 것이다. 다시 법무사에게 돌아와 달라고 전화하니 지금은 다른 약속 때문에 갈 수 없으니 월요일에 설정하잖다.

그런데 김 교수님도 피곤한지, 나에게 말했다.

"양 사장, 돈도 많이 드는데 설정하는 거 하지 마. 그 대신 빨리 세놔서 줘."

"진짜? 고마워요. 안 그래도 돈 때문에 걱정했는데. 땡큐!"

세입자의 변덕이 금방 나에게 복이 됐고, 하느님이 도와주시고 있다는 느낌이 왔다.

저녁 7시에 이삿짐 차가 오고 모든 일은 순조롭게 끝났다.

하느님은 나의 옆에서 보디가드처럼 나의 모든 일을 도와주게끔 교수님을 쓰시는 것 같았다.

돈도 그가 준비하고, 은행에 가서 수표도 현금으로 일부 바꾸게 하시고, 주고받는 영수증도 모두 그가 하니, 나는 할 일도 없고 남처럼 구경만 하게 하신다. 그들은 새벽 3시에 떠났다고 나중에 경비 아저씨로부터 들었다. 짐은 창고에 맡기고 부모님 집으로 간다며…

하루 종일 긴장과 초조 속에서 지친 우리는, 근처에서 일하는 교수님 친구 한 분을 불러 함께 저녁 식사를 하는데, 교수님은 그날 하루 동안 있었던 이야기를 친구에게 전하며, 자신이 한 오늘 일에 어의가 없고 기가막힌지, 술 한 잔 마실 때마다 한 마디씩 한다!

“돈은 주면 뭐하노. 하느님이 줬다는데.”
“돈은 주면 뭐하노. 하느님이 줬다는데.”
“법무사는 오면 뭐하노. 수제비 한 그릇 먹고 갈 걸.”
“법무사는 오면 뭐하노. 수제비 한 그릇 먹고 갈 걸.”

집으로 돌아오는 차 안에서 나는 미친 듯이 웃었다.
그러면서 뭐라고 말로는 표현할 수 없는 하느님의 살아계심과 두려움이 느껴졌다.
“이것을 우연이라고 누가 말할 수 있을까?”
“어떻게 하느님이 안 계시다고 감히 말할 수 있을까?”
감사의 기도도 나오지 않았고, 몸은 피곤한데 잠도 잘 수가 없었다.

다음 주 월요일 아침에 교수님으로부터 전화가 왔다.

"양 사장! 그래도 차용증은 한 장 써야 하지 않을까?"

김 교수님은 돈을 빌려주는 입장이라는 것도 잊어버린 것이다.

"우리 그것도 안 썼나요? 알았어요. 빨리 가서 써 줄게요. 히히."

내가 알고 있는 김 교수님은 차용증 한 장 없이 삼억 육천을 그냥 주는, 아니! 어느 누구도 그냥 삼억 육천만 원을 주는 일은 없다.

오직 하느님만이 주실 수 있다.

그 일이 일어난 후 나는 입이 간지러워서 가만히 있을 수가 없었다. 김 교수와 함께 속해있는 여러 곳의 모임에 참석해서 이번 체험담을 얘기하고 또 얘기했다. 김 교수님에 대한 감사의 마음도 함께. 그때마다 모든 사람들의 반응은,

"정말! 진짜! 김 교수 멋있다! 의리 있네! 어머 큰 일했네! 다시 봐야겠네!" 등등...

하느님은 그를 사람들 앞에서 높여 주시는 복을 주신 것 같다. 아주 높이.

이 일로 인한 흥분이 조금씩 가라앉으면서 나는 천천히 의문이 들기 시작했다.

"왜? 하느님은 이 소송사건에 대비해서 나를 구청 모임에 가도록 하시고, 무료 변호사를 대기하셨으며, 돈 줄 사람까지 준비시켜 놓으셨을까?"

"왜? 하느님은 내가 생각지도 못한 사건이며, 기도도 하지 않은 이 일에 미리 개입하셨을까?"

"하느님이 나의 일을 하시는 동안 나는 하느님의 일을 했었나?"

"그럼, 무엇을 했기에 하느님이 나를 이렇게 철저하게 도우셨을까?"

아무런 이유가 없지는 않는 것 같은데 도무지 감이 잡히지 않았다. 그렇게 시간은 가고 난 그 궁금증을 풀지 못 한 채, 해를 넘기고 새해 1월 이 글을 써 놓았다.

2014년 1월 26일 11시 미사

미사가 시작되고 신부님이 제대 위에 올라가셨을 때, 어디서 많이 본 듯한 젊은 신부님 한 분도 제대 위로 올라 오셨다.

"어디서 많이 뵌 것 같은데 어느 성당에서 오셨지?"

나는 고개를 갸우뚱하며 기억을 더듬고 있는데 주임 신부님이 먼저 알려 주셨다.

재작년 여름에 한번 우리 성당을 방문하신 러시아에서 오신 신부님이시란다.

"아~맞아, 재작년 여름에 오셔서 건축헌금 작정해 써내라고 하신 러시아 한인 성당 신부님!"

러시아 신부님은 우리들의 도움으로 성당이 다 지어졌다고 감사의 인사를 하시며 당신이 2012년 7월 1일에 방문하셨다는 말씀을 하셨다. 날짜까지 알려주시며...

"7월 1일?"

러시아에는 한인 성당이 없어 우리 고려인 동포들이 마음 놓고 미사를 드릴 수도 없고, 끝나면 쉴 곳은 물론 차 한잔 마실 곳이 없어

빨리 우리 성당을 지어야 한다며 건축 헌금을 모금하러 오셨었다.

그때 마음이 얼마나 아프던지, 우리는 이렇게 아늑하고 멋진 성당에서 마음껏 미사드리고 각종 활동을 하는데, 머나먼 타국에서 눈치 보며 사는 것도 서럽고 기죽는 것도 모자라 미사마저 드릴 곳이 없어 다른 나라 사람들 건물에서 눈치를 봐야 하다니! 우리 동포들이…

나는 얼마를 작정해야 할지 고민하기 시작했다.

"그래, 나는 우리 성당이 다 지어진 다음에 이곳으로 이사 와 편하게 미사드리고 있으니, 처음 건축할 때 냈어야 할 건축 헌금을 조금이라도 러시아로 보내자! 그런데 요즘 일도 별로 없고 나갈 것은 많은데 무엇으로 보내지?"

"좋아. 내가 꼭 하지 않아도 될 모임 같은 것을 줄이고 보내자. 한두 개 줄이면 되지 뭐!"

"그렇지 않아도 경기가 어렵다보니 연회비도 부담되고, 쉴 생각도 하고 있었는데." 그렇게 해서 나는 연회비가 200만 원씩 되는 두 개의 모임을 중단하기로 마음먹고 헌금 액수를 300만 원 적어 냈었다.

그것이 7월 1일이라고 다시 방문하신 신부님은 친절히 가르쳐 주신 것이다. 난 집에 돌아와서 곰곰이 생각해보며, 추리작가가 되기 시작했다.

"맞아. 내가 즐기던 것을 포기하고 하느님 사업에 동참하기로 한 것을 하느님은 기쁘게 여기셨나 봐!"

"그래서 신부님이 작정된 헌금 액수만 가지고 러시아로 떠나셨을 뿐인데 하느님은 나의 마음을 먼저 받으시고 나를 도와주실 준비를 하나하나 하신거야. 그 무더운 7월에 나의 짐을 덜어주시려고, 생각지도 못한 사람을 시켜 들어 보지도 못한 교육과정에 입학시키시더니, 그곳에 판사님도 인정한 훌륭한 무료 변호사까지 대기시켜 놓고, 세입자를 변덕스럽게 만들어 법무사 비용도 감해 주시며 삼일 전에 돈까지 주신다는 신호를 보내신 다음 삼억 육천만 원을 준비시켜 놓고 나를 지키신 것이야. 변호사비용, 법무사비용, 재판비용, 어떻게 300만 원으로 할 수 있겠어. 내가 훨씬 이익을 본 것이잖아!"

이유를 몰라 늘 궁금했던 하느님의 마음을 오늘 러시아 신부님이 오셔서 풀어주신 것 같았다.

나의 추리가 맞는 것인지 아닌지 하느님께 확인할 수는 없지만 난 믿는다.

다시 한 번 생색을 내며...

러시아 모스크바 한인공동체가 새로
마련한 교육관에서 미사를
봉헌하고 있는 모습
(가톨릭신문에서 발췌).

내가 뭘 잘못했지?

2013년 가을,

한남동 성당 교육분과에서는 대림절 특강으로 월 1회 각 분야에서 저명하신 분을 모시고, 평소에 접하기 힘든 좋은 강의를 듣는 프로그램을 기획했다.

나는 "한 번도 빠지지 않고 다 들으리라"는 각오를 하며 열심히 참석했는데, 네 번 중에 세 번째인 11월 19일 화요일 저녁 7시 미사를 드리고 8시부터 강의를 듣는 것 까지는 좋았다.

그날은 초겨울 날씨답지 않게 세찬 바람과 기온이 많이 내려가 무척 추웠다.

나는 성당의 좁은 주차장이 많이 붐빌 것을 미리 예상하고 교통편을 택시로 잡았다.

은총이 풍성한 강의가 끝난 후, 빨리 집으로 가 쉬고 싶은 마음에 부지런히 나오는데 나를 언니라고 부르는 스테파니아 자매가 부른다.

그녀와 나는 외과의사인 토마스 형제님이 이끄시는 성령기도회의 회원이다.

이스라엘 성지 순례 갔을 때 병이 난 나를 돌보아 준 토마스 형제님에게 조금이나마 감사의 마음을 표현하기 위해 매주 월요일 기도회에 참석하기 시작한 나는 스테파니아와 하느님을 찬미하며 자주 커피를 마시는 가까운 사이다.

"언니, 나 단국대 앞 정류장까지 태워줘요. 거기서 버스 탈래요."

스테파니아 집은 성북동이다. 가끔 내가 태워다 준 적이 있어 알고 있다.

"나도 차를 안 가지고 왔어. 택시 탈 거니까 버스 정류장에 내려줄게. 빨리 가자. 아이 추워!"

김훈 작가의 강의가 끝난 후 성모님상 앞에서

택시를 타자마자 기사님에게 나는 말했다.

"아저씨, 단국대 앞에서 한 사람 내려 주시고요. 1호 터널로 나가 필동으로 가주세요."

우리가 택시 안에서 그날 강의내용에 대해 서로 짧은 의견을 나누는 사이 택시는 단국대 앞 정류장에 도착했다.

"자기야, 빨리 내려, 빨리, 단국대 앞이야!"

"응 언니, 고마워요. 잘 가세요."

"그래, 자기도 잘 가!"

나는 그를 서둘러 차에서 내리게 하였다. 아무 생각없이. 너무도 당연하게. 그리고 몇 분 후 택시에서 내려 집으로 들어가는데 매서운 바람이 세차게 몰아쳐 나를 움츠리게 만들었다.

그런데 뭔가가 이상하다. 갑자기 내가 뭘 잘못하고 왔다는 느낌이 들며, 가슴을 무엇인가가 짓누르고 아려왔다.

"집에까지 그냥 태워서 보낼 걸 그랬나 봐! 아니, 이렇게 추운데 인정머리 없이 빨리 내리라고 하다니, 내가 하느님 믿는 사람 맞아? 집에까지 데려다 주라고 하고 만 원짜리 한 장 주면 오천 원정도 더 지불하는 것인데!"

나는 돈의 숫자까지 계산해보며 후회를 했다.

"그렇게 야멸차게 바람 부는 곳에 내려놓고 오다니, 나를 얼마나 좋아하는데..."

나는 정말 너무 괴로워서 어쩔 줄을 몰랐다. 동생같은 스테파니아를 배려하지 못한 나를 원망하며 잠을 이룰 수가 없었다.

그러다가 나는 다시 제정신이 들었는지 나에게 따지기 시작했다.

"아니 내가 뭘 그렇게 잘못한거야. 버스정류장까지 데려다 줬음 됐지. 따지고 보면 그 집이 나보다 더 잘 사는데, 알뜰해서 택시를 잘 안탈 뿐인데." 등등.

하지만 아무리 나의 잘못을 합리화시키려 해도 마음이 편치 않은 것은 어쩔 수가 없었다.

결국 주님께 회개와 용서를 구하는 기도를 한 다음에야 잠을 청할 수 있었다.

다음날 나는 그녀에게 전화를 해 어젯 밤의 일을 이야기하며,

"추운데 버리고 와서 미안해. 스테파니아!"

하니 그녀는 펄쩍 뛰며

"언니, 무슨 소리에요. 말도 안돼! 거기 내려준 것만도 고맙고 또 언니가 나 피곤해하면 가끔 데려다 주었잖아요! 얼마나 고마웠는데요."

"그래도 미안해. 근데 나 원래 이렇게 착하지 않거든. 아무래도 성령님이 오신 것 같아. 이건 내 맘이 아니야, 진짜 내가 아니야, 히히."

통화를 하고나니 마음이 홀가분해지고, 나는 그 일이 그렇게 끝난 줄 알았다.

5일 후 주일 저녁, 모임의 회원들과 함께 부산에서 서울로 KTX를 타고 돌아오는 일이 생겼다. 개신교 신자인 한 친구와 나는 지루한 줄도 모르고 하느님의 섭리와 은총을 찬미하고 서로 체험담을 나눌 때 나는 며칠 전에 있었던 택시 이야기도 들려주었다.

기차가 대전을 지나갈 때 쯤 겨울비가 내리고 있었고 서울이 가까워 올수록 비는 더욱 세차졌다. 그때 친구가 말했다.

"자기야, 서울역 도착하면 집에 어떻게 갈 거야? 지하철 탈거야?"

"아니! 난 집이 필동이니까. 택시 타도 기본요금 정도면 돼. 택시 타고 갈래, 자기는?"

"나는 1호선 타고 종로3가에서 3호선으로 다시 갈아타면 돼!"

그러면서 하는 말이

"그럼 나도 자기랑 택시 타고 가다가 충무로역에서 지하철 타면 한 번에 갈 수 있어, 거기서 내려주면 안 돼?"

"왜 안 되겠어! 알았어. 내려줄게."

서울역에 도착해보니 겨울비는 여름 장마 때처럼 좌악좌악 오고, 우리는 양손에 가방과 짐을 한 보따리씩 들었으니 우산 쓰기도 힘겨웠다.

그리고 또 택시를 탔다. 그 친구와 함께.

택시가 명동을 지날 때 쯤. 나는 너무나 당연하다는 듯 만 원짜리 한 장을 꺼내며 택시 기사 아저씨께 말했다.

"아저씨 충무로역에서 저는 내려주시고요. 이 친구는 강남 신사동에 내려주셔요."

"아냐, 나도 여기 내려서 지하철 타고 갈게."

친구는 싫다고 했지만 나는 이미 한번 학습을 했지 않은가.

(또 무슨 혼이 나려고 "알면서 안 한 것은 하느님께 회개할 수도 없어") 나는 속으로 나에게 말했다.

택시비를 낸 나는 골목으로 들어가자는 소리도 하지 않고 비를 맞으며 집에 도착했다. 그러나 마음은 너무나 평안하고 발걸음은 가벼웠다. 잘했다는 생각과 함께. 오히려 하느님께 지혜를 주신 것에 감사하는 기도를 드리며 묵상했다.

"그렇구나! 며칠 전에 그 일은 오늘 있을 이 일을 예비하시고 나를 교육시키셨구나! 그 일이 없었으면 나는 오늘도 이 빗속에 그 친구를 내려놓고 나만 집으로 편하게 들어왔을 것이 틀림없다. 그리고는 충무로역까지 데려다 준 것만으로도 생색을 냈을 것 아냐!"

짐을 양손에 들고 신사역에 내려도 집까지는 한참이나 걸어가야 하는데, 아이들이 많아 맘 놓고 택시 한번 안타는 살림꾼인, 그런 친구에게 인색하게 할까 봐. 하느님은 미리 똑같은 일을 만드셔서 나를 깨닫게 하셨구나.

나는 또 다시 하느님을 생각한다.

"왜! 저에게 이런 교육을 시키시나요?"

"알았어요! 너무 나만 내 가족만 생각하고 사는 것이 안타까워서 이런 방법으로 저를 새 사람 만드시는 것이죠. 저를 무지 사랑하시니까! 히히."

"주님! 감사합니다. 아멘!"

하느님이 지키세요!

2013년 12월 6일

금요일 아침미사를 드린 다음 자매님들과 차를 마시는데 사목위원회의 부회장이신 도르띠아 씨가 나에게 물었다.

"율리아 씨, 9일 월요일에 시간되세요?"

"왜요?"

"양평에 있는 수도원에 가서 봉사할 일이 있어서요. 인원이 부족해서 율리아 씨도 같이 가면 어떨까 하구요!"

"그래요! 수첩 좀 보고요."

나는 도르띠아 씨와 함께 수첩을 펼쳤다. 수첩 속의 그 날짜에는 아무 일정이 없었다.

"아무 약속도 없네! 갈게요."

난 항상 대답은 쿨하게 잘한다. 그리고 후회도 잘하고…

"아침 8시 30분까지 성당으로 오세요. 성당 차로 가니까요."

"네 알았어요."

그런데 사무실로 돌아오는 차 안에서 생각해보니 뭔가, 아무래도 그날 일이 있는 것 같았다.

"뭐지?"

"가만! 딸이 월요일에 무슨 간단한 수술을 받는다고 했는데, 기다렸다가 끝나면 집에 데려다주고, 어린이집에 가있는 손자도 데려 오기로 약속했는데, 내가 왜 수첩에 안 적어 났지! 쓸데없는 것은 다 적어놓고는 정작 중요한 것은 빼 놓다니."

"어쩌나! 일이 생겨서 못 간다고 하면 봉사하기 싫어서 핑계거리 찾은 것 같이 되고… 놀러 가는 것 같으면 못 간다고 말할 수 있지만, 어쩌다 한번 부탁한 것인데…"

갑자기 황당해졌다.

"아무리 간단하다고 해도 마취하고 한다는데, 엄마가 없으면 불안해 할 것 아냐."

"어쩌지, 어쩌지, 주님! 이럴 때는 어떻게 해야 해요? 지혜를 주세요!"

우리에게 휴식을 주려고 배려하신
베드로 수녀님과 미셸 수녀님

아프리카 남 수단에서 봉사하시다가 돌아가신 이태섭 신부님의 형님이신 이태영 신부님께서 양평 문호리 수도원에 계신데 남 수단의 아이들을 많이 도와주고 계신단다.

이번에도 우리 한남동 성당을 비롯해 여러 성당에서 옷과 학용품, 신발 등 여러 가지 물품을 모았는데 너무 많이 들어와 정리를 해야 보낼 수 있다고 우리 성당으로 도움요청을 해 온 것이다.

"그런 곳으로 일하러 가야 하는데, 어떻게 갈 수 없다고 말해."
"주님! 난 못해요~오."
나는 기도하며 생각했다.
"수술하는 딸에게 내가 뭘 해줄 수 있겠어? 내가 수술하는 것도 아니고! 기도뿐이 없잖아. 데려다 주는 일은 다른 사람도 할 수 있는데, 그 시간에 나는 하느님 일하고, 하느님은 나의 일 하시라고 기도하자. 그것이 더욱 확실하게 딸을 보호하는 방법이야!"

딸에게 조심스럽게 말했다.
"성당에서 봉사하러 가야 할 일이 생겼는데, 경석(나의 아들입니다)이가 병원에 가면 안 되겠니? "
"응, 엄마 괜찮아. 바쁘면 일 보세요. 대단한 병도 아닌데요. 뭘."
"고마워! 그 대신 가서 일하며 기도 많이 할게. 나보다 주님이 돌보시는 것이 확실하니까. 그래도 경석이가 와 준다니까 좀 낫다! 히히."
나는 딸에게 미안해 하며 핑계를 주님께 돌렸다.

떠나는 월요일 아침엔 새벽부터 비가 내리고 있었고, 우리 일꾼들은 엄청 큰일이나 하러 가는 것처럼 작업복에 운동화로 일꾼 폼을 있는 대로 잡고, 자동차 두 대로 양평을 향해 떠났다.

차 안에서 이태섭 신부님의 아프리카 봉사에 대해 이야기도 하고, 우리도 좀 더 많은 하느님의 일에 참여할 수 있도록 해달라고 기도하며.

양평 수도원에 도착했어도 비는 그치지 않았고 땅은 물을 먹어 진흙이 우리 다리를 무겁게 한다. 우리를 기다리고 계시던 이태영 신부님은 아침 일찍 도착한 일꾼들을 반갑게 맞아주시며 수도원 안으로 데리고 들어가시며 작은 성당도 보여 주셨다.

그제서야 나는 아차 싶었다.

"아~ 오늘 아침 미사에 딸을 위하여 생미사를 드릴걸! 수술도 하는데 입으로만 걱정하고 엄마로써 정작 해야 할 미사는 생각지도 못했으니!"

더구나 월요일 미사는 새벽 6시에 드리기 때문에 게으른 엄마는 미사의 중요성을 전혀 깨닫지 못하고 있었다.

후회해도 이미 지나간 일. 혼자 안타까워할밖에...

그런데 신부님이 우리를 안내한 창고에는 쌓아 놓은 물품들이 하나도 안 보이고 박스들만 가득했다.

이미 다른 성당에서 와 물품들을 다 정리하고 표시까지 완벽하게 해놓고 갔단다.

신부님께서 우리 수녀님께 전화로 말씀드렸더니, 다 모이기로 약속됐으며 시간들도 비워 놨으니, 공기 좋은데서 차라도 마시고 오라고 그냥 우리를 보내신 것이다.

신부님은 우리들을 분위기 있는 작은 카페 같은 방으로 데리고 가시더니 그곳에서 구운 쿠키와 따뜻한 보이차를 연신 우려주시며 남수단 현지의 여러 가지 어려운 상황을 이야기해주셨다.

그런데 가만히 둘러보니 모두는 '완전대박'이라는 표정의 얼굴들이다.

비까지 내려 더욱 고즈넉한 분위기의 양평 숲 속에서 차를 마시며 쿠키를 먹게 될 줄이야!

정말 하느님의 계획은 오묘하시다.

일도 누군가가 다 해 놨고, 이런 호사스러운 시간을 허락하시다니!

보이차와 쿠키를 먹으며 ...

매일매일 성당에서 봉사로 하루를 보내시는 어느 자매님이 말씀하셨다.

"주님이 휴가를 주셨어. 휴가를!"

그때 함께 간 어느 자매님이 오늘 미사를 드리지 못한 얘기를 하며 신부님 얼굴을 바라보니,

"그럼 조금 이따가 미사를 드립시다. 비가 안 오면 밭일이라도 시킬텐데 정말 복이 많으신 분들이네요!"

진짜! 아니 내가 조금 전까지 미사 못 드린 것 때문에 끌탕을 하고 있었는데,

"하느님 감사합니다!"

수도원에서 이태영 신부님과 미사 중

미사지향 난에는 '딸의 수술이 잘 끝나길 기원하며' 라고 쓰고 미사를 감사히 드렸다.

맛있는 오리훈제 점심은 우리를 이끄신 데레사 사회 사목 분과장님이 거하게 쏘셔서 신났고, 나는 예정보다 훨씬 일찍 서울로 돌아오며 아들에게 전화했다.

수술은 잘 끝났고 회복실에 있으니 엄마가 도착할 시간이면 집으로 갈 수 있겠단다.

서울에 도착하자마자 서둘러 병원으로 가니, 딸은 병원비를 계산하고 있었고, 아들과 나는 교대를 하며 웃었다.

"나 오늘 할 일 다했네!"

"일단 봉사하러는 갔으니까, 하느님 일은 한 것이나 다름없고, 또 딸을 위한 미사도 드렸으며, 딸도 손자도 다 집에 데려다 줬으니!"

오늘도 기도하며 묵상한다,

"너희는 먼저 하느님의 나라와 그 분의 의로움을 찾아라.
그러면 이 모든 것도 곁들여 받게 될 것이라(마태 6 : 33).
고 말씀하시는 것 같았다.

"하느님, 감사합니다. 아멘."

하느님이
천사를 보내주셨어!

2013년 여름

삼복더위 중에서도 제일 덥다는 말복이 들어 있는 어느 주 화요일. 그날은 별다른 저녁 약속이 없어 오래간만에 평일 오후미사에 참석해 감사하며 미사를 드렸다.

나는 항상 일에 쫓기고 각종 모임이 많다보니 평일에 드리는 미사는 아예 계획에 넣지도 않는다.

하루 종일 일하다가 바삐 왔기 때문에 옷은 땀으로 이미 젖어 있었고, 배도 고파왔다.

"빨리 집에 가서 밥 먹어야지."

하는 마음에 빠른 걸음으로 성당 문을 나서는데 신부님과 수녀님, 또 사목위원회 문화 홍보분과장이신 안토니오 씨가 무엇인가 말씀을 하고 계시다가 나를 불렀다.

"율리아 씨, 배 안 고파요?"

"고파요!"

"그럼! 삼계탕 먹고 갈래요? OOO레지오팀에서 복날이라고 삼계탕을 했다고 초대했어요!"

"진짜?"

"그런데, 나도 가도 되요?"

"가도 되요!"

그때 옆에 계시던 하상 수녀님이 곤란한 표정으로 나를 부르며 옆으로 끌고 가시더니 말씀하셨다.

"남자들은 너무 생각들이 없어요. 아니! 단원들 숫자 맞추어서 닭을 사왔을 텐데, 물어보지도 않고 막 부르면 어떻게 해요."

"그러네요. 그럼 난 안 갈래요!"

"가만있어 봐요. 내가 내려가서 여유분 있나 물어보고 올게요."

"아니에요. 난 그냥 집에 가서 밥 먹을래요!"

수녀님은 내 말도 다 듣기 전에 주방 쪽으로 달려 내려가시더니 금방 올라오시며 말씀하셨다.

"내려오시래요. 나눠 먹으면 된대요!"

'나눠?'

수녀님은 아래층으로 빨리 가라시며 당신 숙소로 들어가신다.

"수녀님은 안 드세요?"

"난 미사 전에 식사했어요. 배고프실 텐데 얼른 내려가세요."

나는 얼떨결에 신부님과 함께 아래층으로 내려갔다.

아래층으로 내려간 나는 주방 쪽부터 보았다. 그곳에는 연세가 꽤 많이 들어 보이시는 어른 자매님 두 분이 식사 준비를 하고 계셨는데 주방은 불기운 때문인지 후끈후끈하고 삼복더위에 땀을 흘리시며 그릇에 음식을 담고 계셨다.

"저 때문에 모자라는 것 아니에요?"

"아니에요, 있어요. 어서 가서 드세요!"

상은 이미 차려 있었고 20여 명이 넘는 어르신 형제님들과 신부님, 안토니오 씨 그리고 여자는 나 혼자였다.

식사가 차려진 마태오 방은 남자들만 가득 차 있으니, 아무래도 그냥 앉아서 얻어먹을 분위기는 아니라는 정도의 눈치쯤은 있는 나는 김치, 물, 앞 접시 등을 나르며 자매님들을 돕기 시작했다.

큰 그릇에 담은 삼계탕 닭은 시중 음식점에서 먹는 닭보다 두 배 이상 큰 것 같았다.

"아무리 배가 고파도 그렇지 이걸 어떻게 다 먹나. 아무래도 수저 대기 전에 반은 덜어놔야 할 것 같아."

나는 주방으로 가져가 반을 덜어놓고 다시 방으로 돌아와 서둘러서 식사를 했다.

조금이라도 더 젊은 내가 설거지라도 해 드리는 것이 마음이 편할 것 같아서다. 설거지를 하러 다시 주방으로 가보니 두 분은 내가 덜어 놓은 닭에 밥을 더 넣어서 죽을 끓여 드시고 계셨다.

세상에! 반을 덜어 놓지 않았으면 어쩔 뻔했나.

"어떻게요! 부족하다고 말씀하시지. 눈치도 없이 제가 와가지고.

저는 여유분이 있어서 오라고 하신 줄 알았어요!"

그러자 그분들은 말씀하셨다.

"아니에요. 나눠 먹으면 되지요!"

두 분은 오늘 이 저녁식사를 위해 아침부터 그 많은 닭을 사다가 하루 종일 그 더운 주방에서 준비하셨단다.

나가서 사 먹으면 비싸고 양도 적어서 그렇게 하신 것 같았다.

'그래도 그렇지! 이 더위에 연세 드신 분들을 이렇게 부려먹어도 되는 거야' 하는 맘이 들었다. 다리도 관절염이 있으신지 걸으시는 것이 불편해 보였고, 두 자매님은 남자 형제님의 안사람들인데, 남편들의 부탁으로 봉사하시고 있는 것이었다.

"그 대신 제가 설거지하고 주방 청소까지 다 해드릴게요. 지금부터 쉬세요, 내가 다 할게요."

나는 앞치마부터 입으며 큰소리쳤다.

방 안에 있는 철없는 남자들은 김치 더 가져와라, 물 가져와라, 수박 더 가져와라. 신났다.

나는 졸지에 식당 종업원이 되고…

식사가 끝나고 그릇들을 내오고 설거지를 하는 내 모습을 신부님이 보시더니, 올라가시며 묘한 미소를 보내신다.

'율리아 씨, 잘 못 걸렸네!' 하는 표정이신 것이 틀림없다.

어르신들을 쉬시게 하고 땀을 뻘뻘 흘리며 설거지를 하는 내 뒤에서 한 분이 말씀하셨다.

"아무래도 하느님이 천사를 보내 주신 것 같아!"

"천사를 보내 주셨어. 천사를."

나는 피식 웃으며 중얼거렸다.

"설거지하는 천사그림은 못 봤는데, 있나?"

커다란 솥까지 마지막으로 닦고 주방바닥을 물로 청소한 다음 모든 일이 끝났다.

내 온 몸은 땀이 흘러서 끈적끈적하고 옷도 달라붙어 있었고.

"댁은 어디세요?"

나는 갈 준비를 하면서 여쭈었다.

"응~ 한남동, 공원 있는데요!"

그곳은 교통편이 어정쩡하다. 지하철도 버스도 한참 걸어가야 한다.

"제가 모셔다 드릴게요. 타세요."

"아이, 괜찮은데. 미안해서!"

타고 가시는 동안 차 안에서 자매님이 형제님에게 또 말씀하신다.

"하느님이 천사를 보내줬어요. 천사를!"

모든 게 끝나고 집으로 가는데 머리가 멍하다. 땀도 많이 흘렸지만, 그것보다 졸지에 무슨 일을 당한 것 같은 느낌이랄까!

하루 일 잘 끝내고 우아하게(?) 미사 드리고 나서 우아하고는 거리가 먼 설거지를 잔뜩하고 가다니???

뭔지는 잘 모르겠는데 기분은 나쁘지 않았다.

왜? 천사가 됐으니까! 히히...

나는 잠자리에 들기 전 기도하며 오늘 저녁에 일어난 일에 대해 묵상하고 또 묵상했다.

"왜? 자주 가지도 않는 평일미사에 갑자기 가서 설거지를 하고 왔을까?"

"맞아!"

하느님은 다리도 불편한 몸으로 레지오 단원들을 위해 봉사하시는 그 자매님들의 마음이 너무 예뻐서 도와줄 일꾼을 보내시기로 작정하신거야!

그리고 부족하다고 하지 않고 자기 몫을 내주며 누군가를 먹일려고 하는 그 마음이 너무 보시기에 좋으셔서…

내가 먹어야 하기 때문에 부족하다고 했으면?

그럼 식사는 부족하지 않았겠지만, 그 많은 설거지를 손수 해야 하고 집으로 돌아갈 때도 많이 피곤하셨겠지!

그런데 하필이면 그 일꾼으로 왜 나를 뽑으셨을까?

평상시에 봉사도 부족하고, 아직 건강하니까?

설거지를 잘해서?

아니야! 그보다 하느님은 그 자매님들의 마음을 닮아서 그렇게 살아가라고 나를 뽑아 주신거야. 사랑하니까! 뽑힌 대가는 설거지로 대신하고!

하느님, 감사합니다. 그 많은 사람들이 있는데 저를 뽑아주셔서! 잉잉~

크리스마스 이브의 기적

2009년 12월 24일 성탄미사 중

12월 24일 성탄미사는 저녁 9시부터라고 주보에 계속 공지되었다. 난 교통편을 고민했다.

그날은 길도 많이 막힐 것이니 택시는 소용없고, 버스는 노선이 없어 안되고 차를 가져가더라도 좁은 성당 주차장에 주차한다는 것은 꿈도 못 꿀 일이라는 것을 알기 때문에 난 이것으로 선택했다.

"걸어서 가자. 운동도 되니까!"
"40분 정도면 갈 수 있을 거야!"
"9시부터 미사가 시작이니 아무래도 밥을 조금이라도 먹고 가는 것이 좋겠지. 허기지면 미사드리기 너무 힘들어!"

허나 나름 시간 계산을 해서 퇴근했어도 저녁 먹기가 너무 촉박

했다.

그래도 조금은 먹어야 할 것 같아 의자에 앉지도 않고 물에 밥을 말아 찬 김치를 반찬으로 한 술 먹고 바삐 성당을 향해 떠났다.

오늘은 올해 처음으로 한남동 성당에 부임하신 이창준 미카엘 신부님이 집전하시는 첫 성탄미사라 마음도 설레고 꼭 참석하고 싶었던 시간이다.

성당 안은 이미 많은 성당교우들로 가득 차 있었다. 난 앞자리에 앉기 위해 앞으로 가며 제단이 잘 보이는 곳에 자리를 잡았다.

난 항상 앞에 앉는 것을 좋아한다. 키가 작기 때문에 웬만하면 절대로 뒤에 앉아서 목을 빼는 일은 하지 않으려고.

드디어 장엄한 미사가 시작되었다.

아기 예수님을 안고 들어오시는 신부님은 너무나도 기쁘신 나머지 감격스러워 하시며 목소리에는 눈물이 배어, 말씀하시는데 떨림이 있는 것 같았다.

나도 덩달아 눈물이 날 것 같아 감정을 추스리며 제단을 향해 감사와 찬미를 드리고 있는데…

'이게 뭐야?'

갑자기 몸에 이상 신호가 오기 시작하며 배가 사르르 사르르 아파오는 것이다.

'뭐야!'

나는 황당한 마음으로 천천히 앞뒤를 둘러보았다.

성당은 조금도 빈틈없이 사람들로 꽉 차 있었고 뒤에는 많은 사람들이 서서 미사를 드리고 있었다.

'어쩌지! 어쩌지!'

정신은 온통 아랫배로만 가기 시작했고 신부님 말씀은 하나도 귀에 들리지 않는다.

그러면서 사르르의 간격은 점점 빨라지기 시작했다.

아무래도 물에 말아먹은 밥과 찬 김치가 소화도 되기 전에 쉬지 않고 한 시간 가량 급하게 걸으면서 탈이 난 것 같았다.

'나가야겠다. 망신당할 것 같아!'

나는 다시 주위를 두리번 두리번거렸다.

하지만 절망적이다. 아무리 둘러봐도 나갈 틈이 없었다.

거기다가 하필 중앙통로 쪽으로 앉아 있었으니…

‘어떻게 이 장엄한 미사 분위기를 깨뜨리며 허둥지둥 나갈 수가 있단 말인가.’

‘아~ 뒤에 앉을 것을, 왜 이렇게 앞자리는 좋아했는지!’

‘오~ 주님, 어떻게 해요. 어떻게 해요.’

등에서는 식은땀이 나고 있었다.

‘난 죽어도 이 많은 사람들의 시선을 받으며 못 나가. 이건 많은 사람들에게 분심을 들게 하는 거야!’

‘그럼 어떻게 해?’

‘그래! 기도하자. 하느님께!’

나는 배를 움켜쥐고 마음속으로 절규하며 부르짖었다.

‘주님 도와주세요. 저 지금 너무 힘들어요.(뒤돌아보며) 자 보세요! 제가 지금 여길 어떻게 나가요. 주님도 보시면 아시잖아요. 저 못 나가요. 저 못 나가요. 주님 미사 끝날 때 까지만 참을 수 있게 해주세요. 주님 도와주세요!’

미사와 상관없이 혼자 간절히, 정말 간절히 한참동안 기도한 다음 ‘우리 주 그리스도를 통하여 간절히 비나이다! 아멘’ 하며 기도를 끝내고 기운이 빠져 멍하니 그냥 신부님을 바라보았다.

그렇게 넋이 빠진 듯 한참을 앉아 있는데...

‘어! 이상하다. 사르르가 올 때가 됐는데, 왜 안 오지? 아무런 신호가 없네.’

갑자기 사르르가 기다려졌다. 조금 더 기다려 보았다.

그래도 아무런 신호가 없다. 시간은 점점 가고 배의 상태는 언제 아팠느냐는 듯 지극히 평화로웠다.

'내가 진짜 아팠나?'

'참을만한걸 가지고 그렇게 부르짖었나?'

'말도 안 돼. 이럴 수가!'

기도를 끝내고 '아멘' 한 다음, 단 한 번도 더 사르르가 없는 것이다.

무 자르듯. 언제 그랬냐는 듯이…

내 눈에서는 뜨거운 눈물이 글썽글썽 메쳤다가 흘러 내렸다.

그리고 더 이상 할 말이 없었다. 그냥 하느님께 감사만 드렸다.

미사가 끝난 후 성당에서는 크리스마스 선물로 따끈따끈한 팥을 고물로 올린 찰떡을 준비해 나누어 주고 있었다.

그 떡을 받아 가지고 나오는 나에게 성령님이 또 오셨나 보다.

엄청난 하느님의 살아계심을 체험한 나는 돌아가는 택시 안에서 기사님께 물었다.

"아저씨, 저녁 드셨어요?"

"아뇨. 오늘 하루 종일 길도 막히고 손님이 계속 타는 바람에 밥도 못 먹고 이러고 다녀요."

"그럼 이 떡 드실래요? 성당에서 성탄절이라고 나누어 줬는데 저는 이 밤중에 안 먹어요. 집에 가져가도 냉동실로 들어가니까, 드세요. 따뜻해서 맛있을 거예요!"

"아유, 감사합니다. 잘 먹을게요! 나도 교회 다니는데 일 때문에 못 갔어요."

나는 갑자기 천사가 되어서 생전 안 하던 쌩뚱 맞은 질문까지 하며 택시기사님 저녁식사까지 챙기는 여유가 생기고, 내 몸은 사르르가 뭔 말이냐는 듯 시침 뚝 떼고 일상으로 돌아갔다.

그 날의 미사를 제가 어떠한 마음으로 드렸는지는 지금 이 글을 읽으시는 분의 상상에 맡기겠습니다.

하느님, 감사합니다. 아멘.

성모의 밤

2013년 5월

2012년 여러 지인들과 함께 1년 동안 참석하던 기도모임이 끝나가는 12월의 어느 날.

'내년 1월 첫 주부터는 순교자 성지미사를 드려야겠어!' 하는 생각이 불현듯 났다.

'내가 너무 오랫동안 그곳을 잊어버리고 있었네!'

'순교자들이 날 기다리고 계실거야.' 하며 죄송한 마음이 들기 시작했다.

많은 분들이 아시겠지만 서소문 순교자 성지에서는 매주 금요일 10시에 순교자를 위한 시복시성미사를 야외에서 드리고 있다.

그곳은 숲이 우거진 공원이기 때문에 봄이나 가을에는 소풍가서 미사 드리는 것 같지만 여름에는 무덥고, 겨울에는 정말 춥다. 특히

서소문 순교자 성지

바람이 심하게 부는 날에는 지붕만 있는 텐트가 흔들려 기둥을 잡고 미사를 드린다.

또 눈이라도 오면 바닥에 쌓인 눈을 미처 치우지 못하고 미사를 드릴 때가 있는데 손과 발이 저절로 움츠러 든다.

미사를 집전하시는 신부님도 손을 비비시며 "춥죠? 정말 춥죠?" 하시며 우리를 위로하신다.

2000년 12월

우리 가족은 성당 맞은편의 새 아파트로 이사를 갔다. 우리 집은 17층이라서 창문만 열면 어느 방에서도 숲이 우거진 성당의 아름다운 사계절을 감상할 수 있었고 도시에서는 좀처럼 듣기 힘든 성당의 종소리도 들린다.

그래도 선뜻 다가가지는 못했는데, 하느님이 계속 성당을 가라는 신호를 주시는 것을 어느 날 깨닫고 오래전에 잊어버렸던 신앙을 되찾기 위해 처음 간 곳이 약현성당이다.

그곳에서 서소문 순교 성지에 대해 처음 알게 되고, 순교자들의 참담한 핍박의 역사 이야기를 들으며, '내가 지금 얼마나 좋은 시절에 살며 신앙 생활을 하고 있는가' 하는 정도의 안도감과 감사정도만 할 줄 알았다.

그렇게 미사에 참석한지 3개월쯤 되는 3월의 어느 금요일, 평상시처럼 순교자를 위한 기도문의 이름들을 읽고 있는데, 갑자기 알 수 없는 어떤 의문이 가슴을 치며 온 몸에 전율이 느껴졌다.
'왜? 내가 매주 이곳에 와서 이 사람들의 이름을 부르고 있지?'
'왜? 이 사람들의 이름이 잊혀지지 않고 아직도 남아있지?'
'이들에게 매질하고 불호령하며 박해하던 그 기세등등하던 권력자들의 이름은 다 어디에 있지?'
"아~ ~ 그렇구나!"
"아~ ~ 그렇구나!"
나는 그날 엄청난 감동과 충격으로 한동안 가슴이 멍해졌고, 지금까지의 신앙생활에 대한 회개, 반성, 감사가 어우러진 기도를 드렸다.

2013년 4월의 어느 금요일

미사가 끝나고 점심을 먹고 있는데 성당의 후밀리아 수녀님에게서 전화가 왔다.

"율리아 씨, 5월 4일 토요일에 성모의 밤 행사를 하는데 올해는 율리아 씨가 '성모님께 드리는 글'을 써서 낭독을 하셔요!"

"네~ 에?"

"아~이! 수녀님 저는 글 솜씨가 없어요. 써 본적도 없고요. 전 못 해요!"

"하세요~오. 이런 거 아무나 하는거 아닌 거 아시죠?"

"네 ~에!"

'아니! 왜 갑자기 나에게 이런 큰 일을 하라고 명령을 하시지!'

나는 황당했지만 더 이상 수녀님 말씀을 거역할 수가 없었다.

"네~에, 알겠어요!"

후밀리아 수녀님

"큰일 났네!"

"왜 하필 나에게 이런 큰일을 맡기실까?"

"글 솜씨 있다고 소문난 것도 아니고, 수녀님이 우리 성당에 오신지 얼마 안 되서 나를 잘 모르시는데!"

그날부터 잠이 안 왔다.

"어쨌든 해야지. 어쩌겠어!"

"근데! 무슨 글을 어떻게 쓰나?"

난 하느님께 매달렸다.

"하느님! 저 이상한 글 써서 망신당하게 하지 마시고 지혜를 주세요. 저 엽서 한 장도 채우기 힘들어서 편지 한 장도 보내 본 일 없는 거 아시죠?"

나는 하느님께 떼를 써가며 쓰다 지우고, 쓰다 지우고를 반복 또 반복…

성모의 밤 행사

인사말부터 시작해 지난 달 순교자 성지미사에서 느끼고 깨달은 순교자들의 죽음과 부활에 관하여 써내려 갈 때, 나는 하나씩 하나씩 깨달아 나갔다. 이것은 우연이 아니라고…

순교자 성지로 부르심과 지혜를 주셔서 깨닫게 하심, 또 글을 쓰게 하시고… 또 기가 막히게 만든 것은 10여 년 전에, 진실한 마음과 기도도 없이 장난스럽게(안 되면 말고 식으로) 하느님께 서원한 날짜까지 정확하게 기억하시고 회개하며 고백하게 만드시는 것까지!

이 모든 것을 하느님이 진행하시며 나는 그저 속수무책으로 끌려가고 있다는 것을 알았다. 그저 이끄시는 데로, 내가 하고 있는 것은 아무것도 없음을!

그때 낭독한 '성모님께 드리는 글'을 여기에 옮겨 볼까 한다.

〈성모님께 드리는 글〉

성모님!

온 세상이 꽃향기로 가득한 아름다운 오월의 밤하늘 아래서 성모님을 불러봅니다.

성모님!

성모님은 저의 일상 속에 늘 함께 하시며 부드러운 눈길로 항상 바라보고 계시죠.

출근할 때 "성모님 다녀오겠습니다." 인사드리고

퇴근해서 "성모님 다녀왔습니다!" 하면

"그래, 수고했구나! 많이 피곤하지!"
하시며 저를 맞아주시죠.

10여 년 전 끊임없는 주님의 러브콜에 다시 신앙을 찾고 성모님을 사랑하게 되면서, 성당에 아름다운 성모상과 기도실을 봉헌하여 마음 아픈 많은 사람들이 기도하고 위로받게 하겠다는 다소 엉뚱한 소망을 품은 적이 있었습니다.

제 나이 육십이 되면 그 소망을 실천하겠다는 구체적인 계획까지 세워 놓고 여기저기 수익이 될만한 것을 찾아 바쁘게 뛰어다녔죠.

선한 목적으로 하는 투자니까 성모님께서 도와주시리라고 제멋대로 생각하면서요. 그때까지도 저는 성모님이 원하시는 것이 그런 재물이 아님을 몰랐던 거죠. 그것은 단지 저의 자랑하고 싶은 욕심일 뿐이었습니다.

그래도 책망하지 않으시고 성모상 양편 꽃병의 물이 언제까지나 변하지 않는 신비를 보여 주시며 성모님이 저와 함께 계시는 믿음을 잃지 않게 하셨습니다.

때로는 힘들고 신앙생활에 회의가 들 때마다 천주님을 공경했다는 이유로 핍박과 고통, 죽임을 당한 순교자들을 생각합니다.

그럴 때면 지금처럼 신앙생활 하기에 더없이 좋은 환경과 여건 속에서 이 무슨 어이없는 투정인가! 하며 회개하죠.

마음 놓고 하느님을 찬미하고 기도할 수 있기를 갈망하며 간구했던 사람들이 얼마나 많은데, 지금도 세계 곳곳에서 박해와 절망 속에 숨죽이고 눈물로 절규하며 기도하는 누군가가 있을 텐데, 믿으

라고 끌어주고 밀어줘도 감사할 줄 모르고 게으름과 미련함으로 지
내온 날들이 얼마나 많았는지요. 그 많은 복을 주셔도 그것을 깨닫
지 못하였습니다.

그러던 어느 날, 순교자 성지에서, 순교자를 위한 기도를 드리던
중 갑자기 가슴이 서늘해지는 느낌이 들었습니다.

2백여 년 전에 돌아가신 정말 보잘것없다고 여기고 힘없고, 제대
로 지어진 이름조차 없는 민초들의 이름을 부르며,

"저희를 위하여 빌어주소서!" 라고 기도하는 저를 발견한 것입
니다.

"왜? 내가 이 사람들의 이름을 부르고 있지!"

"왜? 이 사람들의 이름이 아직도 잊혀지지 않고 아직도 남아있지!"

"이들에게 불호령하고 매질하던 권력자들의 이름은 다 어디에 있지!"

"아 그렇구나!"

"아 그렇구나!"

"이분들이 결코 바보스럽게 값없이 돌아가신 것이 아니구나!"

"하느님은 당신을 따르다 죽임을 당한 이들을 정녕 버리시지도 잊
으시지도 않으셨구나!"

"그래서 이분들이 지금도 우리에게 말씀을 하시고 계시는구나!"

"우리는 하느님의 은총 속에 이렇게 살아있다고!"

이사야서의 말씀(41,8~16)처럼 서슬이 퍼렇게 달려들던 자들은

부끄러워 쥐구멍을 찾게 되고 멸망하여 흔적도 없이 사라졌으며 찾아도 보이지 아니하고 어이없이 사라졌구나.

그러나 하느님을 따르던 이들은 기뻐 뛰놀며 이스라엘의 거룩하신 분을 믿고 뽐내고 있구나.

"아~ 하느님!"
"아~ 하느님!"

저는 전율을 느꼈습니다!

프로그램 속에 있는 하나의 순서로 여기며 생각도 없이 때로는 지루해하기까지 하며 앵무새처럼 기도문의 이름들을 읽었는데, 그들은 결단코 헛된 죽임을 당하지 않았고, 하느님은 그들을 위로하고 영광스럽게 만드셨다는 것을 알았습니다.

그리고 잘났다고, 많이 가졌다고, 역사 이래 최고의 시대에 산다고 우쭐대는 우리가, 그들의 이름을 영원히 부르게 하셨습니다.

손가락질 받고 조롱받던 그 하찮다고 여기던 민초들의 이름을…

"하느님 저를 용서 하소서,
그동안 저는 당신 집의 마당만 밟고 다녔습니다.
당신 뜰의 장사꾼들처럼 소리만 요란하였습니다.
이제부터 저로 하여금 그들의 신앙을 본받아 순명하고 감사만 알게 하소서. 그러나 부디 시험하지는 마소서. 제가 하느님을 모른다고 할까봐 두렵습니다."

"오늘은 제가 성모님께 많은 물질로 봉헌하겠다고 약속했던 바로 그 날 육십 세가 되는 생일의 전야입니다.

하지만 물질이 아닌, 회개하는 마음과 성모님을 흠숭하는 사랑을 담은 글로 기쁨을 드릴 수 있도록 이 자리를 허락해 주셨네요.

결코 우연이라고 할 수 없이 제가 서원했던 시간에, 어쩌면 이렇게 한 치의 어김없이 일치되는 신비를 보여주고 계십니다.

지금 저는 넘치는 행복에 감격할 따름입니다."

성모님!

성모님을 찬미하기 위하여 이 자리에 모인 저희 모두를 위하여 하느님께 빌어주소서.

야베스(1역대 4,10)의 기도를 들어주신 것처럼 저희에게도 복을 주시어 저희 영토를 넓혀 주시고, 하느님의 손길이 저희와 함께 있어 고통을 받지 않도록 재앙을 막아주시며 저희가 하느님의 사랑 안에 언제까지나 머물기를 원한다고 하느님께 전해주소서.

사랑할 줄도 알고, 용서할 줄도 알며, 나누어줄 줄도 아는, 사랑스럽고 소중한 성모님의 자녀들이라고 전해주소서.

이 밤 저희 한남동 성당가족들은 성모님의 따뜻한 사랑을 느끼며, 진하고 달콤한, 장미 향기를 담아 찬미의 글을 올립니다!

"성모님, 영광 받으옵소서!"

"아멘!"

2013년 5월 성모님의 달에 양 수 복 (율리아)

불쌍한 제주도 신부님

2007년 여름

그 해는 내 인생에서 가장 기쁘고, 감사와 찬미를 드릴 수 있게 풍성한 은총과 많은 복을 주신 해다.

맏이인 딸이 3월에 혼인을 하도록 하느님이 섬세하게 챙겨주셨기 때문이다.

예식장에서부터 날짜까지 우리가 계획했던 대로가 아닌, 하느님의 계획대로 다 진행됐음을 고백하게 하는 많은 체험을 하며 딸이 혼인을 했다.

그 해 여름 더위가 한창인 어느 주일,

(그때는 압구정동으로 이사를 하여 압구정 성당에서 미사를 드릴 때가 많았다. 교적은 약현성당을 못 잊어 옮기지 않고)

11시 미사에 참석해 앉아 있는데 얼굴이 까만 호리호리한 젊은 신부님이 나오셨다.

웬 분홍색 보따리를 들고.

주보에는 '하루에 얼마면 얼마'하며 계산까지 되어 복사된 종이가 끼워져 있고. 나는 감을 잡았다.

"아~ 또 어느 지방 성당에서 건축헌금 내라고 오셨구나!"

종이에 내용을 읽어보니 하루에 천 원이면 일 년에 삼십 육만 오천 원, 이천 원이면... 난 얼른 천 원짜리에 미리 동그라미를 그려놨다.

주임 신부님이신 차원석 토마스 신부님께서 말씀하셨다.

제주도에 강력한 태풍과 엄청난 비로 도시가 다 물에 잠기고 성당도 형제, 자매님들의 집도 다 날아 갔으며, 성모상도 깨지고 한 마디로 아무것도 없으니... 건축헌금을 모금하라고 제주도 신부님을 올라오시게 하셨단다.

나도 뉴스로 제주도의 참담한 소식을 접하고 있었기에 무엇인가 할 수 있는 기회라고 생각했다. 더구나 사위가 제주도 토박이니 더욱 더 안타까운 마음이 들었다.

제주도 김녕 성당의 신부님은 날아간 지붕 조각을 분홍색 보자기에서

김녕성당

풀어 보여 주시며 헌금 액수를 고민하는 우리를 압박하시더니, 더 우리를 꼼짝 못하게 하시는 방법을 쓰신다. 우리가 동그라미를 고민할 동안 성가를 부르시겠단다. 또 각자의 기도 제목을 한 가지씩만 쓰라시며 더도 덜도 말고 365일 동안 기도해 주시겠다고 제안까지 하신다.

그러시더니 아주 슬프고 아련한 성가를 부르시는게 아닌가. 완전한 앵벌이 신부님이 되셨다. 불쌍한 신부님!

많은 사람들이 눈물을 흘리며 흐느끼고 있었다. 도대체 저렇게 젊은 신부님이 왜 이곳까지 오셔서 저런 성가를 불러야 하는가!,

누구를 위해서!

하느님의 종인 죄(?)로 하루 종일 태풍으로 흩어진 성당에 매달려 식사도 제대로 못하셨나보다. 너무 야위어 보이고 얼굴은 태양에 그을려 까맣다.

그 모습을 본 나는 마음이 너무 아파 눈물을 흘리며 동그라미를 다시 옮겼다.

하루에 이천 원×365일 =73만 원. 기도 제목은, "딸을 혼인시키셨으니 그 가정에 아기를 선물로 주십시요!" 라고 적었다.

그 다음 주일에 주임 신부님께서 말씀하셨다.

2차 헌금이 6백 얼마. 작정헌금이 일억 육천 얼마.

그리고 말씀하신다.

"입이 벌어져서 갔어요!" 하시며 즐거운 표정이시다.

우리 모두도 기쁜 얼굴로 박수를 보냈고.

"주님, 저 돈 주세요!"

"제주도 성당 헌금은 조금씩, 조금씩 보낼 수가 없잖아요!

거기는 한시가 급한 곳인데, 한꺼번에 보내야 뭐라도 도움이 되죠! 딸 혼인 끝내 놓으니 너무 힘드네요. 주님이 주셔요."

난 몇 달 전 딸의 혼인 준비 때 엄청했던 돈 타령을 다시하며 기도하기 시작했다(마치 주님께 맡겨 놓은 사람처럼). 매일 매일.

그리고 며칠 후.

아파트를 지어 분양하는 시행 회사의 대표인, 가까운 한 지인에게 전화가 왔다.

"양 사장, 김 부사장에게 전화 좀 한 통 해봐 줘!"

"왜?"

"회사에서 융자 신청을 했는데 그 사람만 도장을 안 찍어서 돈이 안 나와요!"

"얼마가 나와야 하는데요?"

"300억!"

"에이~ 그런 돈이 내가 전화 한 통 해서 나와요. 말도 안 되죠!"

"아니, 서류도 하자가 없고 문제될 것이 없는데 이유를 모르겠어!

네 사람의 사인이 필요한 일인데 그 사람만 사인을 안 해요.

돈은 급한데 이런저런 트집을 잡고 결제를 안 해. 한번 해봐 줘!"

"해 보기는 하겠지만 기대는 하지 마요. 되겠어요?"

○○○은행의 김 부사장은 오래전에 나와 함께 공부한 ○○○대학원의 원우다.

그는 성실하고 꼼꼼한 성격을 가진, 함부로 결정하고 쉽게 도장을 찍는 사람이 아니다.

시행회사 사장과는 같이 인사한 적이 있어 구면이고.

"그래도 전화는 해보자. 그래야 나중에라도 할 말이 있지!"

"잘 계시죠?"

"아~네! 웬일이세요?"

"J 사장님하고 통화했어요. 융자금이 안 나와서 많이 힘든가 봐요. 무슨 문제가 많은가 보죠?"

"그건 아니고 아직 서류가 다 안 들어왔는데, ○○○하고 ○○○하고 추가로 들어오면 되요. 빨리 보내라고 하세요!"

"알았어요!"

재빨리 J 사장에게 전화했다.

"서류 ○○○하고 ○○○하고 보완해서 빨리 보내래요!"

사흘 후, 김 부사장에게 전화가 왔다. 1차 150억 원이 입금됐단다.

"고마워요." 난 목에 힘을 주고 J 사장의 전화번호를 힘 있게 눌렀다.

"돈 들어왔다면서요?"

"아~ 들어 왔어요! 고마워."

나는 기다렸다는 듯이 말했다.

"그럼 나한테 오백만 원 보내 줘!"

"오백만 원? 알았어요! 보낼게요. 지금 세금계산서 보내요!"

"그럴게요. 부가세 250만 원과 나머지 500만 원 지금 보내요!"

몇 시간 후 750만 원이 입금되었다고 사무실에서 연락을 받은 나는, 하느님께서 내 기도에 응답하셨다는 확신을 가지고 자금을 관리하는 딸에게 소리치며 말했다.

"빨리, 제주도 성당에 십일조 보내. 75만 원!"

사연은 이렇다.

우리 회사에서 한 대여섯 달 전에 J 사장 회사의 CI 작업과 인쇄물들을 제작해 주었는데, 이천 오백만 원의 청구금액이 비싸다며 이천만 원만 보내주고 나머지는 아직까지 미결로 남아 세금계산서도 발행하지 못하고 있었다.

나는 몇 번 재촉하다가 포기하고 나머지는 잊어버리고 있었는데, 이런 생각지도 못한 일로 단번에 입금이 되다니…

너무나도 당당한 방법으로, 고맙다는 말까지 들으며!

"하느님께서 해결해 주셨어. 하느님께서!"

그 후에 한동안 머릿속은 제주도 신부님 생각으로 꽉 차 있었다.

이 일이 우연일까? 우연이라면 나는 너무 우연이 많다.

하느님을 믿는 사람들에게는 우연이라는 것은 없다고, 신부님의 강론에서 들은 적이 있는데…

난 믿고 있다. 지금도. 하느님이 나의 졸라대는 기도를 들으시고 우리가 상상하지도 못 할 방법으로 응답하셨다는 것을. 그리고 딸은 신부님의 365일 기도가 끝나기 전에 아기를 가져 지금 유치원에 다니는데, 둘째 아기의 소식은 아직도 없다.

나는 몇 년이 지난 요즘 기도하고 묵상하며 한 가지 생각을 해본다.

'왜? 둘째 아기가 늦어지고 있을까?'

첫 손자를 보았을 때는 딸이 젊고 건강하니까 특별히 감사하다는 생각은 안 했다.

결혼하면 아기가 태어나는 것은 너무나 당연하다는 듯, 더욱 이 제주도 신부님의 기도 덕이라는 생각은 해본 적이 없다.

그러나 둘째의 소식이 없으면서 잊어버렸던 제주도 신부님 생각이 자꾸 난다.

그때 만일 내가 나의 힘든 현실을 핑계로 신부님을 빈손으로 가시게 했다면 첫 손주도 보기 힘들지 않았을까? 하는 나만의 생각을…

(독자는 오해하지 마세요, 생각은 자유니까)

몇 년이 지난 이제야, 나는 신부님의 기도가 헛되지 않았음이 깨달아지는 것 같다.

하느님 감사합니다. 아멘!

*** 이 글을 쓰고 있는 동안 차 신부님의 존함과 본명이 생각나지 않아 차○○ 신부님으로 표현했는데 그 다음 주(1월5일) 주보에 차원석 토마스 신부님의 글이 실려 있었다.

'또 우연인가.'

'서울교구에 얼마나 많은 신부님들이 계시는데!'

'하필 이때 글을 쓰셨을까?'

'맞아! 하느님께서 알려 주셨어. 내가 계속 끙끙 거리니까.'

(너무 가져다 붙이나?) 히히...

사무실에서 손자와 함께

문래동 성당 이야기

2009년 봄

나의 사무실은 24년 동안 충무로를 떠나 본 적이 없다.

한때 강남에 넓고 멋진 빌딩들이 많이 지어져 강북에서 너도나도 디자인 사무실들이 이사들을 갔지만 제작물이 많은 우리는 협력업체가 모여있는 충무로를 벗어나지 못하고 있다.

그러다보니 오랫동안 거래하고 있는 종이, 인쇄, 필림 등 중소업체 오너들과 자주 만나 정보를 교환하는 등 충무로의 마당발이 되어가고 있는 것 같다.

우리의 오랜 협력업체 오너이시며, 문래동에 살고 있는 현 사장님도 한 빌딩에서 서로 일을 주고받으며, 자주 차도 마시고 세상 이야기를 하는 친구 같은 분이다.

나는 언제부터인지는 모르겠지만 그분을 선교의 대상으로 삼고 만날 때마다 하느님 이야기, 성당, 신부님 이야기, 체험담 등 가랑비에 옷 젖듯이 해댔다.

드디어 어느 날, 정성이 통했는지 그는 성당을 가보고 싶은데 어떻게 가야 하냐고 묻는다.

"걱정 말아요, 내가 문래동 성당에 같이 가서 수녀님 인사시켜드리고 예비자반에 입교시켜달라고 해 줄 테니 날만 잡아요!"

나는 신이 나서 한 번도 가 본 일 없는 문래동 성당을, 마치 잘 알고 있는 사람처럼 거리낌 없이 큰소리쳤다. 듣고 보니 그의 아파트는 문래동 성당 바로 옆, 걸어서 3분 거리다. 그런데도 25년 동안 성당 옆에 살면서도 한 번도 가 본 적이 없단다. 성당에 가자고 권한 사람도 없고.

며칠 후 어느 주일, 우리는 문래동 성당 로비에서 10시 30분에 만나기로 약속했다.

수녀님께 인사시키고 11시 미사 드리려면 그 시간이 좋을 것 같아서다.

현 사장님과 성당을 가기로 약속한 주일 아침은 새벽부터 비가 오더니 내가 집에서 떠나야 할 시간부터는 양동이로 물을 쏟아붓듯이 비가 엄청나게 내린다. 운전하기가 겁날 정도로. 정말 웬만한 일 같으면 다음으로 연기하고 싶은데, 그까짓 비 때문에 다음으로 미루었다가 현 사장님 마음이 변하면 그 동안의 정성이 너무 억울할 것 같아 하느님께 선교하러 가니 나를 지키시라고 기도하고 문래동을 향해 떠났다.

그런데 가면서 생각해보니 처음 가는 성당, 주차시설이 어느 정도 인지 모르는데다 주택가에 있는 성당 주차장이 넓으면 얼마나 넓겠나 하는 걱정이 또 앞선다.

분명이 이 시간이면 꽉 차 있을 텐데, 알지도 못하는 남의 아파트에 주차할 수도 없고. 선교 한 사람 하는데 걸리는 게 너무 많다. 내가 자초한 일이니 누구한테 하소연도 못하고…

나는 마음을 바꿔 먹었다.

"내가 지금 놀러 가냐고!"

나는 지금 주님이 그렇게 그렇게 하라고 강조하신 선교 때문에 집에서 가까운 내 성당 놔두고 빗속을 헤치고 미지의 문래동을 향해 달려가는데 주님이 그냥 보고만 계시겠어!

"난 몰라, 주차장으로 들어갈 거야. 주님이 책임지세요!"

나는 너무도 당당하게 문래동 성당 주차장으로 들어갔다.

마치 그곳을 너무 잘 알고 있는 사람처럼.

그러나 아니나 다를까! 예상대로 주차장은 어두컴컴하고 그리 넓지 않았다.

차들도 빽빽이 들어차 있어 빈자리는 물론 없고.

"어쩌지, 나가서 골목에 세우면 딱지 떼일 것 같은데. 주일이라서 괜찮을까!”

바로 그때! 앞차에서 불이 켜지더니 어느 한 차가 반짝 반짝하며 시동을 걸었다. 마치 ‘이곳에 주차하세요. 기다리고 있었어요!’ 라고 나에게 말하는 것 같았다.

“주님 감사합니다. 역시 내 생각이 맞았어. 주님이 예비하실 것 같았어. 히히.”

주차문제가 기대했던 대로 단번에 해결되니 나는 더욱 기가 살아서 자신있게 남의 성당(?)으로 올라갔다. 로비에는 현 사장님이 와서 기다리고 있었다.

우리는 사무실로 들어가 수녀님 면담신청을 하려는데 주임 신부님이 들어오셨다. 난 얼른 신부님께 예비자를 인사시키며 자초지종을 말씀드렸다.

“신부님 제가 할 일은 다 했어요. 이제 나머지는 신부님이 책임지세요.”

신부님은 마침 지나가는 어느 자매님을 부르시더니 현 사장님과 같은 아파트에 사는 분이라며 입교 절차를 부탁하신다.

미사 시작까지 시간적 여유가 있어 우리는 커피를 마시며 신앙에 관한 얘기를 하는 중에 현 사장님이 말했다.

“성당 다니면서 신앙도 생기고 하느님이 돈 좀 많이 벌게 해주셨으면 좋겠어요!”

현 사장님은 성당 다니며 기도 열심히 하면 뭐든 다 잘되고, 부자
도 쉽게 되는 줄로 아는 것 같았다.

나는 말했다.

"성경책 보면 욥기서가 있는데, '야훼께서 주셨던 것 야훼께서 도
로 가져가시니 우리는 다만 야훼의 이름을 찬양할지라' 라는 말씀
이 있어요!"

"그런 말도 있어요?"

"네. 몇 장, 몇 절인지는 잘 모르겠는데 있어요. 우리는 그냥 모든
것을 하느님께 맡기면 돼요."

그러는 동안 미사 시간이 되어 우리는 성전으로 올라갔다.

문래동 성당 대성전은 한남동 성당보다 더 크고 넓은 것 같았다.

그런데 마침 그날 미사집전은 바로 얼마 전에 신부님이 되신 아
주 젊은 새 신부님이 첫 미사로 집전하시고, 안수까지 해 주신다고
해설자가 말했다.

"응. 진짜!"

"현 사장님 복이 많네요. 이런 기회 많지 않은데, 운이 좋은 것 같
아요. 새 신부님이 안수하시면 은총을 많이 받는다네요."

"그래요! 은총이 뭔데요?"

"나중에 알게 될 거에요. 좋은 거예요."

미사가 시작되었고 새 신부님의 강론이 시작되었다.

신부님은 당신의 소개를 잠깐 하시더니 말씀하셨다.

당신이 사제서품 받으실 때의 성경 성구는

욥기서 1장 21절,

"알몸으로 어머니 배에서 나온 이 몸, 알몸으로 그리 돌아가리라. 주님께서 주셨다가 주님께서 가져가시니 주님의 이름은 찬미 받으소서"

라시며 말씀을 시작하셨다.

"아니, 저 말씀은 내가 아까 사장님께 드린 성경 말씀 아니예요?"

"그러네요! 많이들 하는 말씀인가 보죠?"

미사를 드리는 내내 새 신부님의 성구가 맴돌았다.

"또 우연인가?"

"어떻게 그 많은 성경말씀 중에서 같은 말씀을 서로 똑같이 할 수 있을까?"

미사가 끝나고 안수를 받기위해 많은 사람들이 줄을 서 기다리고 있는 모습을 본 나는 안수와 점심을 포기하고 집으로 돌아가면서 생각하고 또 생각했다.

그렇구나! 지금 이 시간까지 나는 내가 선교에 힘쓰고 노력했다고 떠들었는데 그것이 아니구나.

하느님은 현 사장님을 오래전에 택하셨고, 난 그저 그의 일꾼으로 택함 받아 쓰인거야.

비를 억수같이 퍼부은 것도 나의 하느님께 향한 마음을 시험하신 것이고, 포기하지 않고 잘난척하며 씩씩하게 들어오는 나를 주님은

성당 지하 주차장의 한 공간에서 기다리시고 반기신거야. 반짝 반
짝 손짓하시며…

　그리고 새 신부님의 성구 말씀을 들려주시며 당신의 계획을 알
려주시고 지금 나와 함께 계심을 깨닫게 해 주신 거야. 말씀으로…

　나는 한 동안 말을 아끼고 침묵했다.
　선교했다고 생색도 못 내고
　설치는 것도 자제하며
　"하느님, 감사합니다. 아멘." 외에는…

*** 다음 해 현 사장님은 '가룰로'라는 본명을 가지고 세례성사를
　　받고 얼마 전에는 견진성사도 받았다.
　　요즘은 만날 때마다 어찌나 하느님 얘기를 먼저 하는지,
　　성경말씀에,
　　첫째가 꼴찌되고 꼴찌가 첫째 되는 이들이 많을 것이다.
　　(마르코 10 : 31)는 말씀이 꼭 우리를 두고 하신 말씀 같았다.

선물 하나
안 챙겨준 잘못으로...

2009년 가을

지금 생각하면, 늦은 나이에 하느님을 알게 된 나는 자제와 겸손을 모르고 나 혼자만 하느님을 사랑하고 사랑받는 것처럼, 만나는 사람마다 이야기 끝에 결국은 하느님 이야기로 빠지는 그런 때였었다.

오래간만에 어느 모임의 회원인 동생 같은 B 여인과 통화를 하게 되었다.

"잘 지냈지?"

"아니요, 그동안 많이 힘들었어요. 그래도 하느님 때문에 버티고 살아요!"

그녀는 힘들고 어려웠던 이야기를 하며 중학생 딸과 둘이서 하느님만 의지하고 적은 수입으로 살아간다는 현재의 근황을 얘기했다.

모임에서 만날 때 보면 젊고 예쁘고, 상냥하고 착해서 잘 살고 있을 줄 알았는데, 하던 일이 마음대로 되지 않았단다. 그녀는 분당에 살며 나도 TV에서 본적이 있는 어느 개신교회에 나가고 있었다.

"그랬구나, 서울에 오면 밥 한번 먹자. 맛있는 것 사 줄게! 만나서 하느님 얘기도 실컷 하자."

전화로 장시간 이야기했지만 하느님께 받은 은총 이야기는 서로 끝나지 않았고 결국 토요일 충무로에서 점심을 약속하고서야 전화를 끊었다.

가을비가 주룩주룩 오는 토요일. 우리는 점심을 먹으며 그동안의 소식과 하느님을 찬미하며 서로가 체험한 사례들을 주고받았다.

먼 곳에서 온 그녀를 내 나름대로는 대접한다고 소 갈비찜으로 유명한 음식점에서 점심을 먹고 사무실로 가서 그녀의 딸에게 줄 책들도 챙기고, 한참을 이야기한 후 우리는 다음을 기약하고 서로 아쉬워하며, 나는 그녀를 분당으로 가는 버스가 서는 단국대 앞 정류장까지 차로 데려다주었다.

비가 그치지 않고 내렸기 때문에 버스가 올 때까지 차안에서 기다리는 수고도 아끼지 않으며.

그녀가 떠났다. 나도 그녀가 버스에 타는 것을 확인한 다음 차를 집 방향으로 돌려 서서히 몰고 가고. 그런데 그때부터 하느님께서 나를 향한 불편한 심정을 표현하시기 시작했다.

차가 집에 다 왔을 무렵, 나는 무엇인가를 꺼내려고 차 안에 있는
사물함을 열어 뒤적뒤적 하는데 웬 봉투가 눈에 들어왔다.

"뭐지?"

열어보니 그 봉투 안에는 백화점 상품권 네 장이 들어있다. 만 원
권으로.

그런데, 그것을 보는 순간 나는 갑자기 머리가 하얘짐을 느꼈다.

"아니, 여기 이것이 있었네. 왜 내가 이것을 몰랐지!"

그리고 무엇이라고 말하기 힘든 큰 덩어리가 나의 가슴을 쳤다.

"나 믿는 사람 맞아! 그렇게 입으로 하느님, 하느님 하고 감사하고
찬미한다고, 몇 시간을 떠들고는 어린 딸이 집에서 엄마를 기다리고
있는데 어떻게 빈손으로 그냥 보낼 수가 있어. 따뜻한 피자라도 사
주라고 돈을 주던지 케이크라도 사서 보내야지. 생활이 많이 어려워
졌다는 이야기를 듣고도 어떻게 그냥 보낼 수가 있는 거야. 비는 오
고 날은 어두워지는데, 딸은 엄마가 언제 오나, 맛있는 무엇인가를
사 들고 오기를 기다릴 텐데!"

"오~ 하느님!"

"오~ 하느님!"

나는 견딜 수가 없었다. 너무 괴롭고, 부끄럽고, 힘들었다.

집으로 들어온 나는 멍하니 천정만 보다가 또 생각했다.

"내가 뭘 그렇게 잘못했지?"

"아니 갈비찜으로 점심도 잘 먹었고, 커피도 마시며 책도 챙겨주
고 하느님 찬미하고, 더 이상 어떻게 하라고!"

하지만 아무리 내 변명거리를 찾아내도 괴롭고 힘든 것은 가시지

않았고 다른 사람의 어려운 처지를 생각하지 못한, 인정머리 없음을
후회하고 눈물을 흘렸다.

난 기도하기 시작했다. 회개와 용서를 구하는 기도를 하며 지금
이라도 깨닫게 하신 하느님께 다시 그녀에게 전화하겠다고 약속하
며 기도를 끝냈다.

"따르릉."
"잘 도착했지?"
"네, 잘 왔어요. 잘 먹고 즐거웠어요. 감사해요!"
그녀는 명랑하게 말했다.
난 속으로 말했다.
(난 하나도 안 즐거워. 하느님께 혼났어)
"주소 좀 불러봐."
"왜요?"
"뭘 준다는 게 잊어버렸어. 우편으로 보내 줄께!"

나는 이튿날 미사가 끝나기가 무섭게 백화점으로 달려갔다.
생각해보니, 마주 보고 있을 때 같으면 상품권 네 장 있는 것 주면
서 딸에게 줄 케이크나 사 가지고 가라고 할 수 있지만 우편으로 보
내는데 달랑 네 장을 어찌 보낼 수가 있는가 말이다.

상품권을 십만 원권으로 바꾼 나는 월요일 아침이 되자마자 눈썹

을 휘날리며 우체국으로 달려가 상품권을 날려 보냈다.

그 다음에 오는 마음의 후련함이란 무엇으로도 바꿀 수가 없을 것 같았고 난 다시 살아났다. 그리고 그녀에게 전화했다.

딸하고 맛있는 음식 사 먹고 아이스크림도 사 주라고. 상품권 네 장이면 될 일을 열 장으로 해결한 나는 하느님에게 혼난 이야기도 하면서... 히히.

나는 기도하며 하느님께 여쭈었다.

"왜 그녀가 떠나기 전에 상품권 안 보여 주셨어요? 일찍 보여 주셨어도 제가 그것이 아까워서 안 줄 사람은 아니잖아요!"

"미리 보여 줬으면 네 장만 줄 거잖아. 네 장으로 뭐하겠니. 열 장 정도는 있어야 피자도 먹고 아이스크림이라도 사줄 수 있지!" 라고 하느님은 말씀하시는 것 같았다.

"아~네~ 알겠습니다. 하느님!"

"당신은 주님이시니 당신 보시기에 좋으실 대로 하시겠죠."
 (1사무3,18)

우산과 스테이크

2013년 6월의 어느 비 오는 날

봄비가 소리 없이 내리는 어느 아침.

여느 때처럼 출근 준비를 하며 우산을 찾았다. 그런데 우산 통에 우산이 하나도 없다.

"뭐야, 다 어디 갔지?"

생각해보니 사무실과 자동차 트렁크에 두었고 또 비 올 때 가지고 나갔다가 제대로 챙겨오지 않은 것이 많은 것 같았다.

"할 수 없지. 새 우산을 또 꺼낼 수밖에."

그러나 창고에는 새 우산도, 헌 우산도 아무것도 없었다.

"아니! 우리 집에 우산이 떨어지다니, 말도 안 돼."

나는 기가 막히고 조금 황당했다.

"그 흔한 우산이 다 떨어지다니!"

"주님 때문이야!"

나는 쌩뚱 맞게 주님에게 책임을 돌리며 우산을 소중하지 않게 여긴 것에 대한 화풀이(?)를 했다.

나는 작지만 오랫동안 사무실을 운영하였기 때문에 여러 모임이 많아 각종 행사 때마다 우산을 받아오는 일이 많았다. 그러니 창고에는 항상 우산이 넘쳐나서 다른 사람들에게도 아까워하지 않고 주었고 아무데나 두고 제대로 챙기지 않아도 신경을 써 본 일이 없다. "그까짓 우산 정도야 뭐!" 하면서.

그러나 나의 모든 일상의 꼭짓점이 점점 하느님께로 옮겨가고 많은 신앙의 신비를 체험하면서부터 연회비를 많이 내야만 하는, 나의 분수에 넘치는 여러 모임을 정리하고 꼭 가지 않아도 될 모임은 탈퇴를 했다.

"사람을 무서워하면 그것이 올가미가 되지만 주님을 신뢰하면 안전해진다"(잠언 29 : 25)는 말씀을 근거로 하느님께 사업도 맡기고 인간관계도 나의 이익과 관계없이 모든 사람들과의 인연을 소중히 여기는 관계로 이어가겠다는, 인생의 후반은 하느님을 의지하고 하느님이 원하시는 일을 조금이나마 해보자는 신앙인의 삶을 살고자 노력하면서(어렵긴 하지만).... 그러니 자연스럽게 모임이 줄고 자주 만나는 사람들도 하느님을 좋아하는 사람들로 점점 바뀌어가고 있었다.

그러니 우산이 창고에서 동난 것이다. 하느님 때문에!

말도 안 되는 불평을 하며 출근하는 내내, 기분이 약간 다운되고
내가 좀 뒤처져 있고 소외된 느낌이랄까, 아무튼 좋지 않았다.

사무실 직원들에게도,

"내가 하느님을 좋아해서 모임을 줄였더니 우산이 다 떨어졌어.
여유분 있으면 좀 가져와!" 하며 계속 하느님을 핑계로 우산이 없음
에 대해 투덜거렸다.

며칠 후 밖으로 나가기 싫어 사무실에서 컵라면으로 점심을 때우
는데, 갑자기 스테이크가 먹고 싶은 생각이 나며 우아하게 고기를 썰
어 본지가 꽤 된 것 같았다.

"스테이크가 먹고 싶다니, 좋아하지도 않았는데!"

그러고 보니 내가 소속되어 있던 로타리클럽은 시내 한가운데 있
는 일급 호텔에서 매주 유명 강사의 강의를 들으며 점심으로 스테
이크를 먹었었다.

지금은 경기가 안 좋다는 핑계로 탈퇴를 하였지만, 사실 나에게
너무 과한 모임이었고 하느님을 알고 나니 그 곳 사람들과 연관되는
일감들이 줄어들면 어쩌나, 하는 걱정도 많이 되지 않았다.

'하느님이 다른 것으로 채워주시겠지 뭐! 하는 기대감과 설마 굶
기시겠어!' 하는 배짱으로 모임에 출석하는 것을 중단하고 그 곳으로
지출되던 회비는 하느님 사업에 필요한 곳으로 돌렸다. 그러다보니
오랫동안 매주 먹던 스테이크가 먹고 싶어진 것 같다.

"하느님을 좋아하다 보니까 스테이크 먹는 일도 없어졌네. 이게

다 하느님 때문이야!"

말도 안 되는 투정을 하며 컵라면을 먹고 믹스커피 한 봉지를 뜯었다.

"스테이크 먹을 때는 원두커피로 마무리 하는데."

"뜯어서 먹는 컵라면을 먹었으니 뜯어서 먹는 믹스커피가 어울리지!" 하며.

하느님의 말씀을 따르며 살려고 하는 것에 대한 생색을 있는 대로 낸 다음, 거래처에 전화를 했다. 오후에 방문해서 교정보던 것을 끝내고 인쇄소로 넘기기로 약속했기 때문이다.

"회장님, 조금 후에 갈게요. 교정 다 보셨죠?"

"아니, 양 사장님 오늘 행사준비 때문에 너무 바빠서 아직 못 보았어요."

"시간이 없는데, 그럼 납품날짜 맞추기 힘들어요!"

"그럼 행사장에서 얼른 봅시다. 가든 호텔로 오세요. 그리고 온 김에 아예 저녁도 먹고 가세요."

"호텔 행사음식은 분명히 뷔페로 준비했을 텐데!" 하다가

"걱정도 팔자야, 먹여 준데도 불평이니."

먹는 것을 좋아하는 나는 자제력이 부족해 과하게 먹을 것을 미리 걱정하며 행사를 진행하는 호텔로 갔다.

호텔에 도착해보니 행사 후에 나누어 줄 선물을 담은 쇼핑백을 줄 세워놓았다.

"갈 때 하나 달라고 해야지!"

선물에 잔뜩 눈독을 들이며 나는 테이블에 자리를 잡았다.

그런데 어째 테이블 위의 세팅 모습이 뷔페보다 좀 다르고 우아해 보였다.

(어찌나 우아를 좋아하는지)

아니나 다를까 코스로 음식이 나오는데 스프의 맛이 괜찮았다.

"응~ 좀 수준 있네."

드디어 메인 음식이 나왔다.

"오~ 스테이크네!"

그것도 그냥 스테이크가 아닌 아주 훌륭한 안심 스테이크로 고기의 두께도 꽤 두툼하며 향이 너무나도 좋은 소스가 뿌려져 있는 스테이크 접시가 테이블에 놓여졌다.

"아니! 내가 오늘 점심때부터 스테이크 타령을 하며 하느님께 투정을 해댔는데 진짜로 먹여주시네. 들으셨나?"

나는 생전 처음 스테이크 먹어보는 사람처럼 너무도 맛있게, 부드러운 빵에 버터를 발라 먹으며 원두커피로 마무리를 하였다.

"가끔 투정도 할 만하네!" 하며.

식사가 거의 끝날 무렵 나는 일어섰다. 남의 행사에 오래 앉아 있을 필요는 없으니까.

다행히 식후에 행사가 시작되어서, 나는 아까 눈여겨 둔 선물 보따리를 하나 받아가지고 주차장으로 가며 중얼거렸다.

"뭐가 들어있기에 이리 가볍나!"

나의 성격은 절대 집에까지 가서 선물을 확인할 정도로 느긋하지 않다. 빨리 확인해서 잘 모셔놓던지 아니면 던져놓던지.

행사 팸플릿 밑에는 무엇인가가 두 개 들어있었는데.

"기가 막혀!"

나는 갑자기 멍해졌다.

쇼핑백 속에는 우산 두 개가 가지런히 들어 있었다.

차 안에서 나는 시동도 켜지 않은 채 한참동안 앉아서 생각했다.

"또 우연인가?"

"왜 나는 이렇게 우연이 많지?"

돌아오는 차 안에서 나는 키득키득 웃다가, 다시 마음속 깊은 곳에는 약간의 두려움으로 긴장이 되었다. 그러다 또 웃고.

하느님은 "내가 살아 있는 한 너희가 내 귀에 대고 한 말에 따라 내가 반드시 너희에게 그대로 해 주겠다(민수기 14,28)"고 하시더니 그 말씀대로 나에게 행하신 것 같았다.

그러시면서 하느님이 나에게 이렇게 말씀하시는 것 같았다.

"뭘 그 정도 양보를 한 것 가지고 그렇게 생색을 내니! 얼마나 많은 사람들이 나를 따르며 힘들고 어려워도 기쁨으로 고난을 이겨내는데, 고작 모임 한두 곳 포기했다고 그렇게 억울해 하면 되겠니! 이 철없는 율리아야!"

이 글을 쓰고 있는 지금도 비가 오고 있으며 요즘의 나는 우산을 얼마나 챙기는지 언제부터 그렇게 알뜰해졌냐는 말을 가끔 듣는다 (남의 사정도 모르고). 히히...

"하느님, 감사해요. 스테이크 잘 먹었어요!"
"우산도 잃어버리지 않고 잘 쓸게요! 아멘."

치킨 집은 오후에 문을 연단다!

2013년 여름

경기도 김포에 있는 한국 가톨릭 문화원에서는 매주 목요일 2시에 음악과 함께하는 미사를 드린다. 나는 가끔 우리 성당 가족들과 함께 그곳에 가서 은총이 가득한 음악 미사를 드리고 맛있는 음식도 먹고 돌아오는 그런 시간이 즐겁고 행복하다.

더위가 한창인 어느 여름의 목요일,

그날은 평일이였기에 시간이 되는 몇몇 우리 한남동 성당 가족들은 성당 승합차를 이용해 김포를 향해 떠났다.

김포 해안가에 있는 군부대를 먼저 위문한 다음 가톨릭 문화원에서 2시에 미사를 드리기로 미리 계획을 세운 우리는 안토니오 형제님의 후원으로 군인들에게 전달할 푸짐한 선물도 준비하고 점심도 맛있는 수제 샌드위치로 주문하는 등, 소풍가는 어린아이들처럼 들떠있었다.

부대에 도착해서 저 멀리 이북을 망원경으로 보며 통일을 위해 기도하고, 성당 홈페이지에 올릴 사진을 군인들과 단체로 찍은 우리는 점심을 먹기 위해 근처의 꽤나 유명하다는 공원으로 갔다.

울창한 공원의 아름드리 나무 그늘 아래서 샌드위치로 점심을 먹고 음료수를 마시며 쉬고 있는데 운전봉사를 하신 가브리엘 씨가 아이스크림을 사오겠다며 다른 형제님과 차를 몰고 나갔다.

그런데 30분이 지나도 깜깜 무소식이다.
"아이스크림을 만들어서 오나!"
2시 미사시간에 맞추어 우리는 떠나야 하는데 돌아오지를 않는 것이다.
"어떻게 된 거야. 사고는 아니겠지!"

군인들에게 위문품을 전달한 후 기념촬영

다행히 한참 만에 돌아온 그들은 궁금해 하고 있는 우리에게 아이스크림을 주며 엉뚱하게 말했다.

"아니, 김포가 시골도 아닌데 치킨 파는 데가 없어요!"

"웬 치킨? 아이스크림 사러 간다더니 치킨 사러 갔어요?"

그의 말은, 아이스크림을 사러 슈퍼를 찾아 가는데 갑자기 치킨이 먹고 싶어져서 치킨 집을 찾다보니 김포 시내까지 갔단다.

그러나 겨우 찾은 치킨 집도 오후 5시나 되어야 문을 열고 장사를 시작하니 허탕만 치고 슈퍼에서 아이스크림만 사왔다며 아쉬워했다.

우리는 이곳이 서울에서 가까운 곳이라 생활의 편리함은 서울과 별 차이 없을 것이라고 생각했는데,

"그래도 지방이네." 하면서 가톨릭 문화원으로 떠났다.

더 이상 아무 미련없이...

아이스크림을 기다리며

그날 성당의 후밀리아 수녀님과 청소년부 교사들은 초등부와 중등부 학생들을 데리고 충북에 있는 베티성전 근처로 여름캠프를 떠나셨다.

가시면서 하시는 말씀은 사목위원들 중에 토요일에 시간 되시는 분들은 간식거리들을

사가지고 선생님과 학생들을 격려 차, 오시면 너무 좋겠다고 부탁하시며.

우리는 서로 의논한 결과 안토니오 형제님 가족들 서너 분이 가시기로 결정하고 수녀님께 연락을 드려 놓았다.

며칠 후 주일.

여름캠프장에서 학생들을 격려하고 오신 안토니오 씨가 재미있다는 듯 다녀온 이야기를 하시는데 그 이야기를 들으며 나는,

"진짜 재미있다! 가브리엘 씨가 치킨 먹고 싶었던 것이 너무 잘 된 것이었네." 하며 별생각 없이 웃어 흘렸다.

이야기의 시작은 이렇다. 금요일 오후 수녀님이 안토니오 가족들이 방문한다고 하시니까 형제님에게 전화를 하셔서 말씀하시기를, 학생들이 다른 간식보다 치킨을 먹고 싶어 하니까 이왕이면 치킨으로 15마리 정도 사오시면 너무 감사하겠다고 연락이 왔단다.

항상 성당가족 뿐 아니라 어렵고 힘든 곳에 기도와 많은 물질로 아낌없이 후원을 하시는 안토니오 형제님은 기쁜 마음으로 수녀님께 약속을 하며 아이들이 좋아할 다른 간식도 생각해 두었고.

그런데 전화를 끊고 가만히 생각해보니,

"아니, 어제 서울에서 가까운 김포에서도 가브리엘 씨가 낮에 한 참동안 시내를 헤맸어도 치킨을 못 샀는데, 그곳은 더 말할 것 없을

것 아냐!"

안토니오 씨는 갑자기 "그곳에서 사야지." 하고 그냥 갔다가는 치킨을 아이들에게 못 먹일 것 같은 생각이 들었단다.

그때부터 그는 인터넷을 통해 캠프장에서 제일 가까운 치킨집 전화번호를 찾아내고 치킨집 주인에게 20마리라는 많은 양

맛있게 치킨을 먹고 있는 청소년부 학생들

을 주문한다니까 새벽에라도 닭을 튀겨줄 마음이 있다는 듯 반기니, 어려움 없이 치킨을 주문해놓고 잠을 잘 수 있었다.

수녀님은 15마리면 될 것 같다고 하셨지만 안토니오 씨는 먹다가 부족하면 안 되니까 20마리로 넉넉히 포장된 치킨, 아이스크림과 함께 점심시간에 맞추어 캠프장에 도착했다.

방금 전에 튀긴 치킨을 아이들이 맛있게 먹는 모습을 보며, '김포에서 가브리엘 씨가 갑자기 치킨 타령을 안 했으면 어쩔 뻔했나!' 하는 감사의 기도를 했다며 우리에게 캠프장에 다녀온 이야기를 전하신 것이다.

그날 밤 잠자리에 들기 전에 기도를 하는데 갑자기 낮에 들은 치

킨 이야기가 생각났다. 그때는 "우연인가!" 하며 흘렸는데 그 일은 결코 우연이 아니라는 것을 나는 깨달았다.

안토니오 형제

"그렇구나! 하느님은, 안토니오 씨가 아무런 정보도 없이 캠프장 근처에 가서 치킨을 사지 못해 헤매고, 아이들에게 치킨을 못 먹일 경우, 아이들이 실망하는 모습을 보면서 얼마나 안타까워하며 절망할지를 미리 아신 거야. 그래서 김포에서 가브리엘 씨를 통하여 현지 사정을 미리 알려 주신거지.

하느님도 사랑하는 당신의 안토니오 씨가 이 더위에 낯선 곳에서 치킨집을 찾아 헤매는 것을 보고 있기 힘드실 테니까!"

사랑이신 하느님의 섬세한 보살핌과, 따뜻한 마음이 느껴져 나도 모르게 안토니오 씨의 적극적인 봉사정신과 수고에 감사하고, 그 가정에 평화가 있길 빌며 감사로 기도를 마쳤다.

위령미사의 중요성

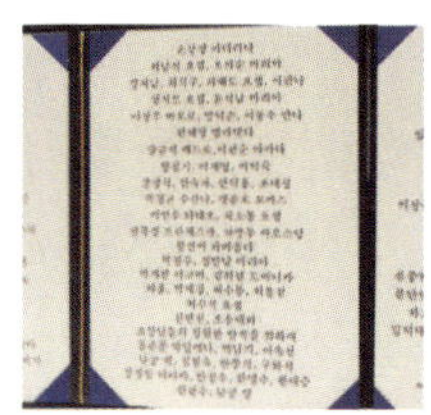

2004년 추석날

하느님의 부르심에 의해서 신앙을 찾아 중림동 약현 성당에 나가기 시작한지 한 2년쯤 될 때였다.

아직 하느님의 살아계심을 별로 체험하지 못해서 그런지 신앙심이 들쑥날쑥 할 때였고 성당에 정도 들지 않아 입으로는 가톨릭 신자라고 하면서도 성당에서 진행하는 행사나 전례에 참여하는 횟수가 많지 않았다.

"주일에만 가면 됐지. 왜 저렇게 극성이야."

"할 일이 저렇게 없나!" 하며 각종 봉사 활동으로 바빠하는 사람들을 보면 한심해 보이고, 오직 주일 미사만 참여하면 신자의 도리를 다하는 것으로 알았다.

특히 위령미사에 대해서는 잘 알지도 못하고 중요성도 모르며, 관심도 없어 명절 때마다 하는 위령미사 헌금봉투에 돌아가신 분의 이름을 적어 내고 미사드리는 전례는 아예 무시하였다.

그해도 어김없이 추석은 왔고 위령미사 안내도 주보 소식란에 실렸다. 나는 여전히 남에 일인 양, 신청할 생각도 안 하고 무감각하게 있었는데 추석 전날 성당의 어느 자매님을 길에서 만났다.

"어디 갔다 와요?"
"네~ 성당에 위령미사 신청하고 오는 길이에요!"
"위령미사 신청?"
"네~ 그 미사가 돌아가신 분을 위한 미사인데, 그들에게 그렇게 좋데요."
"그래요? 그럼~ 나도 할까! 우리 부모님도 돌아가셨는데 부모님을 위해서."
"아직도 안 했어요? 빨리 하세요."
"알았어요. 지금은 바쁘니까 추석날 미사드릴 때 해야겠네!"

갑자기 나도 해야겠다는 생각이 들며, 이번 추석 미사부터 해 보자는 욕심이 생겼다.
"돌아가신 부모님에게 좋다는데, 남들이 할 때는 다 이유가 있을 거야!"

추석날 아침,

나는 일찍 일어나 성당 갈 준비를 하며, 흰 봉투에 부모님 성함을 정성스럽게 썼다.

그런데 너무 일찍 서둘러 준비했는지 아직도 시간은 10시다. 성당은 집에서 3분 거리인데 11시 미사까지는 아직 멀었다.

"TV 좀 보다 가야지!"

나는 소파에 누워 TV를 보며 시간을 보내다가 깜빡 잠이 들어버렸다.

꿈에 엄마가 오셨다. 하얀 위령미사 봉투 같은 것을 들고,

"얘야, 나 오늘 이사 간다."

"어디로 엄마?"

"응~ 아주 멀어. 오늘 이사 갈 곳을 계약했어. 아주 좋은 곳이야!"

"나도 갈까?"

"아니야. 너는 안 돼. 오지 마." 하시며 흰 봉투에서 계약서라는 종이를 꺼내시는데 바람이 불어와 그 종이가 날아가며 나는 꿈에서 깨어났다.

나는 깜짝 놀라며 시계를 보니 11시 미사 시간이 10여 분도 채 남지 않았다. 머리를 무엇인가에 맞은 것 같이 정신이 번쩍 든 나는 성당을 향해 뛰며 중얼거렸다.

"엄마, 아버지 용서해 주세요. 아직 미사도 안 드리고 준비만 해 놨는데 벌써 다른 곳으로, 더 좋은 곳으로 가신다고 하시니 얼마나 이 시간을 기다리셨을까.

진작부터 어머니, 아버지를 위한 미사를 드렸어야 하는데 무심하
고 미련한 저를 용서해주세요. 죄송해요, 죄송해요."
"얼마나 고생 하셨을까."
거의 뛰다시피 하면서 성당에 도착하니 모두들 시편을 노래하고
있었다.

"아니! 그런데 저게 뭐야?"
제대 앞에는 성당 다니면서 처음 보는, 흰 종이에 까만 글씨로 돌
아가신 분들의 이름이 쓰인 명단들이 세워져 있는 것이 아닌가!
"아~ 미리 신청해서 우리 부모님도 저곳에 올려드렸어야 하는데..."
나는 마음속으로 통곡을 하며 미사봉투를 제대에 놓았다.
불효자식인 나의 가슴을 치며...

오랜 시간이 지난 지금도 나는 그 꿈을 잊지 않고 있다.
아니, 잊히지가 않는다.
그리고 그때의 그 충격도...

그 후부터 나는 명절 때와 위령의 달에 드리는 위령미사를 빠지
지 않는다.

기침 좀 낫게 해 주세요!

2011년 가을

나와 같은 광고업계에서 평생을 일한 신 사장이란 친구가 있다.

그는 느긋하고 편안한 성격을 가지고 있으며 남에게 결코 싫은 소리를 하지 않는 성격의 소유자로 항상 긍정적이다.

그런 그에게 걱정거리가 생겼다.

아내에게 골수암이라는 큰 병이 찾아와, 그와 하나밖에 없는 딸이 함께 마음고생을 하며, 아내를 간호하고 지키느라 많이 힘들어 하는 것을 가끔 전화 통화를 하면서 느껴졌다.

나는 "기도 해 줄게" 하면서, 하느님을 의지해 보길 몇 번이나 권했지만, 자기는 큰 아들로써 일 년에 몇 번씩 제사를 지내야 하므로 개종할 수 없단다.

천주교는 제사를 지내도 된다고 해도 관심이 없다.

어느 날 그와 통화를 하며 아내가 항암치료를 하고 있는데, 체력에 한계가 와 무척 힘들어 한다는 말을 들은 나는, 무엇인가를 사주어야겠다고 생각했다.

"그럼 내가 우족과 고기를 좀 사줄 테니 푹 고아서 먹게 해 줄래요? 암 환자에게는 단백질이 많이 필요하다고 TV에서 본 것 같아서!"

"좋지! 사주기만 해요."

"알았어요. 며칠 후 사가지고 전화할게요!"

그 무렵 나는 성당가족들과 함께 가는 이스라엘 성지순례 준비로 마음이 바쁠 때였다.

약 보름정도를 출근하지 못하니까 이것저것 단도리를 하고 떠나야 하기 때문이다.

그런데다 감기까지 와서 기침을 하기 시작했는데, 나는 감기가 자주 걸리지는 않지만 한 번 걸리면 몇 달씩 가는 징크스가 있다. 그러니 성지순례 가서 다른 사람들에게 피해를 주지 않기 위해, 시간을 내서 병원을 가야 하는데 영 시간이 나질 않는다.

우족도 여행 갔다 와서 사줘야 할 것 같았다.

그런데 며칠 후 신 사장에게서 전화가 왔다.

"우족 언제 사줄꺼?"

"내가 바빠서 아직 못 샀는데." 하며 대답을 하다 나는 얼른 말을 바꾸었다.

"오늘 사줄게요. 지금 어디유?"

"양재동에서 일 보고 조금 있다가 분당으로 넘어가려고!" (그의 집은 분당이다)

"그럼 기다려요. 내가 사가지고 그곳으로 갈게."

나는 순간적으로 생각했다.

"사주고 여행가자! 아파서 음식도 먹지 못 하는 사람이 있는데, 나는 건강한 몸으로 여행가잖아. 어떻게 갔다 와서 사줄 테니 그때까지 기다리라고 해!"

나는 거래하고 있는 하나로 마트 점장에게 전화해서 부탁했다. 한우족과 함께 넣어 끓일 고기, 환자용이니 아주 좋은 것으로 준비해 달라고. 사당에서 양재동 가는 길은 퇴근시간이라 무척 막히고 차 안에서 나는 계속 기침이 나왔다.

"내일은 꼭 병원에 가야지!"

양재동 가는 길은 진짜 막혀도 너무 막혔다. 몸은 피곤해 지고 기침은 계속 나오고 그때부터 나는 주님께 하소연하기 시작했다.

"주님, 저 지금 피곤한데도 아픈 사람이 먹을 고기 사가지고 가잖아요. 선교도 할 목적도 있고요.

그러니 길 좀 확 뚫리게 해 주세요. 그리고 성지순례 가야 하는데 기침이 심하네요.

저 좋은 일 하러 가고 있잖아요. 주님이 저 좀 도와 주세요. 감기 뚝 끊어져서 건강하게 이스라엘 다녀올 수 있게 해 주세요. 다른 사람들에게 피해 주면 어떻게 해요!"

생색을 있는 데로 내며 주님께 기도했더니, 차의 속도가 좀 빨라지는 느낌이다.

"만나면 오늘은 하느님 애기 하지 말아야지. 선물 주고 욕먹을 것 같아!"

양재동에서 신 사장을 만난 나는 조금 전에 생각한 것을 금방 잊어버린 채 또 말했다.

"하느님께 의지하며 기도해봐요. 우리가 무엇을 할 수 있겠어!"

그런데 그의 대답이 의외다. 안 그래도 생각하고 있다며 아내의 몸이 조금 나아지면 성당에 가 볼까 한단다. 부정적인 면이 많이 없어졌다.

(기침하며 밀리는 길도 마다 않고 왔는데 효과가 좀 있네!)

여행을 가기 이틀 전,
사무실에 직원이 이상하다는 듯 말했다.

"사장님, 언제 병원 갔다 오셨어요?"

"아니, 바빠서 아직 못 갔어!"

"그런데 왜 기침을 안 하셔요?"

"기침! 그러~네, 기침이 언제 그쳤지?"

"저는 사장님이 기침을 안 하셔서 병원 갔다 오셔서 금방 나았나 했어요. 약 드시는 것도 못 보았는데요."

그러고 보니 내가 언제부터 기침이 끊어졌는지 의아해졌다. 생각도 못하고 있는 것이다.

"가만!" 천천히 기억을 되살려보니 양재동에서부터 기침을 잊은 것 같았다.

신 사장에게 다시 전화했다.

"저번에 만났을 때 나 기침 했었나요?"

"기침?"

"잘 모르겠는데. 감기 걸렸데슈?"

그날 저녁에 기도하며 생각했다.

"주님은 나의 기도를 들어 주셨구나. 작은 일에도 그렇게 생색을 내며 기도하는 나를, 주님은 물리치지 않으시고 들어 주셨는데 내가 그것을 모르고 있으니, 서운하셨나 봐. 그래서 직원을 부추켜서 나를 깨우쳐 주신거야."

“내가 기침하며 기도하는 너의 목소리를 듣고 다 들어 줬잖아!”
하시며,

“주님, 죄송하고 또 감사합니다. 미련한 저를 깨우쳐주셔서! 아멘.”

이집트 피라미드 앞에서

이스라엘 갈릴래아 참행복선언기념성당

이스라엘 아인카렘 성모님방문성당

이스라엘 요르단강
예수님 세례터

요르단 페트라협곡 유적지

이스라엘 갈릴래아 타브르산

요르단 나자렛 성요셉성당

주님탄생예고성당에서 미사

이집트 시나이광야미사

요르단 페트라

이집트에서의 순례여정 중에

수녀님과 함께 갈릴리 호숫가에서

요르단 모세기념성당

이스라엘 쿰란유적지

이스라엘 베들레헴광장

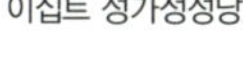

이집트 성가정성당

골프채 이야기

2008년 초여름 어느 날

강남에서 사업을 하는, 오랫동안 알고 지내는 지인의 회사일에 도움을 준 일이 있었는데, 그는 고맙다며 나에게 수수료를 주겠단다. 누군가가 해도 수수료는 나가는 것이니, 주는 것이 당연하다며 은행번호를 알려 달라고 한지 며칠 후 몇 ○○○만 원이 입금되었다.

생각지도 않은 수입이 생긴 나는 먼저 하느님께 감사하며 통 크게 (?) 100만 원을 먼저 서소문 성지에 봉헌하고(공돈이니까) 이것저것 쓰고 나니 남은 돈이 이백 만 원이다.

"그래, 이 돈은 나를 위해 쓰자. 그런데 뭘 하지?"

"오~ 드라이버 골프채를 하나 사자. 지금 가지고 다니는 것은 너무 오래 돼서 점수가 안 나와!"

"이 달에 대회가 있으니까 새 드라이버 가지고 나가보자!"

나는 연습도 안 하고 필드에도 가뭄에 콩 나듯이 나간 생각은 하지도 않고 드라이버가 오래돼서 타수를 줄이지 못한다고 탓하며 투덜대고 있었다.

그 무렵 서소문 순교자 성지에서 금요 야외 미사를 드리기 시작한지 얼마 되지 않을 때였다. 약현 성당에서 많은 봉사를 하는 친구 같은 글라라 자매와 같이 금요 미사를 드린 다음 커피를 마시며 성지소식을 들었다.

순교자 성지에서 매주 드리는 야외 미사를 계획하고 있는데 여름이 다가오니 햇빛을 가릴 텐트가 필요하다고 성지 담임 신부님이신 윤○○ 신부님이 말씀하셨다는 것이다.

(난 생각 없이 말부터 하는 것은 그때나 지금이나 똑같다)

"그럼, 그 텐트 내가 봉헌할까?"

"하면 좋지!"

"내가 할 테야!"

나는 누구에게 돈 내는 거 빼앗기기라도 할까 봐 그런 것처럼 다른 생각할 것도 없이 글라라에게 약속했다.

"그리고 텐트 값이 얼마나 할까?"

"한 삼백만 원 정도면 될까?"

"그럼 드라이버 살 돈 이백 만 원 있으니까, 그것을 드리면 총 삼백만 원 하느님께 드리는 거야."

"그럼 공 돈에서 몇 퍼센트를 드리는 거야?"

"20퍼센트네! 십의 이조야."

(나중에 하느님께 때 쓸 일이 생겨서 도루 내놓으라고 써먹었음)

"그럼 드라이버는?"

"에~이, 이제서 내가 프로선수로 나갈 것도 아니고, 지금 것도 처음에 살 때는 비싼 거였잖아!"

혼자 사무실에 앉아 중얼거리며 드라이버 골프채를 포기한 나를 스스로 위로하고, 이백만 원을 봉헌 봉투에 넣었다.

다음 주 금요일에 텐트 값을 신부님께 드리고 나니 정말 기쁘고, 잘 했다는 마음과 순교자들에게 조금이나마 빚을 갚은 것 같았다. 그리고 드라이버는 잊었다.

그리고 며칠 후 강남의 지인이 도와줘서 고맙다며 점심을 사는 자리에서 하느님은 나에게 빚을 갚는 것 같은 큰일을 만드셨다.

"사장님이 준 돈 참 요긴하게 사용했어요. 그리고 그 돈에서 드라이버 하나 살려다 포기하고 하느님께 봉헌했는데 너무 기분이 좋으네! 아무리 생각해도 잘한 것 같아요!"

"그래요?"

조금 후 무엇인가를 생각하는 것 같더니 그는 말했다.

"그럼, 내가 그 드라이버 하나 사줄게요."

"정말!"

그는 독실한 개신교 신자이며 장로님이다.

자기가 준 돈을 하느님께 드렸다니까 얼굴빛이 밝아지는 것 같았다. 점심을 먹다가 갑자기 기분이 좋아진 나는 조금 뜸을 들인 후 한 술 더 떴다.

"그럼, 이왕 사주는 거 세트로 사주면 안 될까? 아이언 세트도 오래됐는데!"

"너무 비싸잖아. 양 사장."

"그래도 사줬다는 소리 들으려면 세트로 사주는 게 낫지. 조금만 더 쓰면 되는데."

잘 못 걸렸다고 생각했는지, 그도 잠시 생각을 하더니,

"알았어. 사놓을게, 전화하면 가져가요." 나는 계속 재촉했다.

"그럼 빨리 사 줘요. 이 달에 로타리 클럽에서 대회가 있는데 새것으로 치면 우승할 것 같아요!"

나는 신이 나서 남의 기분은 생각하지 않고, 내가 필요한 시간만 이야기했다.

삼일 후 그에게서 전화가 왔다.

"양 사장, 골프세트 사놨으니 와서 가져가요. 이왕 사주는 것 제일 좋은 걸로 샀으니까 맘에 들거유. 빨리 가져가요!"

나는 그의 사무실에서 골프채를 싣고 나오며 무엇인지 모르지만 묘한 기분에 사로 잡혔다.

"골프채 이야기하길 너무 잘 했네!"

집으로 돌아온 후, 모임의 회원이며 동생처럼 나를 따르는 인테리어 회사의 S 사장이 커피 한 잔 하자며 집으로 찾아왔다.

그런데 나는 자랑삼아 오늘 있었던 골프채 이야기를 하였더니 그

녀는 서슴치 않고 말했다.

"언니, 그럼 내가 미국에서 골프백 사온 것이 있는데 줄게요. 아직 상표도 떼지 않았어요!

그리고 퍼터 하나와 고구마채도 새것이 있는데 선물할게요. 다 새것이면 더 좋잖아요!"

졸지에 나는 골프세트가 모두 새것으로 바뀌었고, 그것들을 가지고 골프대회에 나갔다.

그 대회는 여러 클럽이 모여 남녀 각각 우승자를 가리는데, 운 좋은 나는 여성부에서 2등을 하는 바람에 가지고 싶었던 25도짜리 유틸리스 골프채를 얻었고, 함께 갔던 우리 팀에서는 축하한다며 모자와 양말, 장갑, 볼 등을 챙겨 주었다. 그렇게 해서 나의 골프 장비는 풀 세트가 완벽하게 교체되었다. 몽땅 새것으로!

나는 한동안 얼이 나간 듯 아무 일도 할 수가 없었다. 어떻게! 이런 일이, 드라이버 하나 포기 했는데 포기한 그 달 안에 이렇게 완벽하게 풀 세트로 챙겨주시다니!!! 이것도 운이 좋았다고 말할 수 있을까!

나는 지금도 하느님이 주신 그 장비들을 소중히 여기며 아까워 골프장에도 자주 가지 않는다!

골프채 닳아 없어질까 봐, 히히(진짜예요!)...

주님, 입찰가격 좀 알려 주셔요!

2013년 7월

무더위가 한창 기승을 부리는 어느 주일 11시 교중 미사를 끝내신 신부님은 교회소식 시간에 발표를 하셨다. 시원한 가을 10월에 터키 그리스로 성지 순례를 갈 계획이라며 비용은 약 400만 원 정도 예상하신단다.

그곳은 다른 모임 사람들과 단순한 여행으로는 여러 번 다녀올 기회가 있었지만 신부님과 수녀님, 또 성당가족들과 함께 가는 성지순례로 가고 싶어서 아껴두었던 곳이다.

지난번 이집트, 요르단, 이스라엘을 단순 여행이 아닌 성지순례차원으로 갔을 때 느낀 점은 매일 매일 미사를 드리고 대화도 쇼핑이

나 먹는 것이 아닌 성경과 말씀을 위주로 하게 되며 하느님 이야기를 아무리 해도 아무도 짜증을 내지 않아 너무 좋았다.

신앙인이 아닌 친구들이나 여러 모임 사람들과 여행할 때면 하느님 이야기 한다고 눈총을 받고, 너무 믿는 티 낸다고 구박을 하니 요즘은 신앙인이 아닌 사람들과 여행가는 것이 즐겁지가 않았었다. 그러니 바오로사도의 전도 여행지인 터키 그리스는 성지순례 차원으로 가려고 때를 기다렸는데 드디어 가을에 떠난다니 어찌 빠질 수가 있단 말인가.

하지만 경비가 문제다.
요즘 경기도 좋지 않고 지출할 것은 많은데, 여행경비 외에 별도로 드는 비용도 많을 것 같다. 쇼핑도 좀 해야 하잖아!
날짜도 그때쯤이면 카렌다 제작으로 바쁠 시기다.

"그렇다고 포기할 내가 아니지. 얼마나 기다렸는데!"
나는 그날 저녁부터 주님께 매달렸다.

"주님 아시죠? 제가 얼마나 그곳에 가고 싶어서 목 놓아 기다렸는지요! 제가 이번 기회에 돈 없어서 힘들어 갈 수 없게 되면 전 못 살아요! 만나는 사람마다 너무 주님 이야기만 해서 나를 싫다고 할 정도로 주님을 사랑하는 제가 돈 없어서 여행 못 갔다고 하면 남들이 뭐라고 하겠어요!"

"전 끝이에요. 머리를 들고 다닐 수가 없어요!"
"주님, 여행비 주세요! 주~님..."
나는 매일 매일 주님께 기도하며 협박도 했다.

며칠 후 엄청나게 더운 어느 날 오후,

"따르릉."
"양 사장님, 입찰에 한번 참여해 보실래요?"
"뭔데요?"
"우리가 책을 만드는데 디자인까지는 다 됐어요. 인쇄와 제본만
잘하면 되는데 여러 사람들이 업체를 추천해 그중에서 가격이 맞는
회사와 계약을 해요.
　나는 양 사장을 추천할 테니까 생각 있으면 참여해 보세요!"

나는 잠시 머뭇거리다 큰 소리로 대답했다.
"당연히 해야죠. 고마워요!"

　그 일은 어느 공공 단체에서 10주년 기념 책을 발간하는데 이미
다른 업체에서 디자인은 끝내 났단다. 그리고 인쇄와 제본, 또 각 지
역으로 발송하는 업체를 선정하는데 입찰 방식은 가격이 제일 아래
도 아니고(제품의 질 때문에) 최고로 높은 가격도 아니고(비싸니까)
중간 가격의 업체들 것을 모아 평균을 낸 다음 그 가격에 제일 가까
운 가격을 쓴 업체를 선정해 책을 만드는 방식이다.

나에게는 기획이나 디자인팀은 있지만 인쇄 시설을 가지고 있지 않기 때문에 많이 불리하다. 내가 직접 할 수 있는 기획파트를 맡는 것이면 몰라도…

"기획 디자인을 우리 주지 그랬어요!"
"그것은 일찍 업체가 선정되어서 어쩔 수 없었어요!"
나는 사양을 적은 메일을 받고 그에게 전화했다.
"너무 막연한데 정보 좀 주면 안 되나요?"
"이것도 어떻게 할 수가 없어요. 관계자들이 모두 모여 보는 곳에서 봉인된 봉투를 열어 결정하니까 어느 누구도 도와줄 수가 없어요!"
그러면서 그는 한마디 더했다.
"기도하쇼, 기도해. 그것뿐이 해줄 말이 없어요!"

그 추천인도 어느 교육장에서 만난 동기인 회원인데 신앙이 엄청난 개신교 신자이다. 모든 일을 하느님에게 맡기는, 모임 때 만나면 하느님 이야기를 맘 놓고 할 수 있고 수요예배와 금요 철야기도회는 웬만하면 빠지지 않는 그런 신앙인이다.
그러나 나와 전화로 통화해 보기는 이번 일이 처음인 생각지도 못한 사람에게서 연락이 온 것이다.

"하느님이 성지순례 비용 주시려고 이 일에 참여하게 하셨나?"
기도는 당연히 할 것이지만 하느님이 숫자까지 알려 주시지는 않을 것 같고...

　이런 일은 인쇄소를 직접 가지고 있지 않은 우리에게 연락 오는 일이 드물었다. 어쩌다 한번 참여해서 가격을 아무리 낮추어도 입찰에서 떨어졌고 그러다보니 이런 일은 관심을 두지 않았었는데.

　그날부터 나의 기도가 바뀌었다.

　주님, 이 일을 제게 주시면 주님이 여행비 주셨다고 믿고 자랑할 테니 꼭 제가 입찰에서 성공하게 해 주십사 하며 간구하고, 입찰 가격을 쓸 때도 너무 막연하니 지혜를 달라며 주님께 매달렸다.

　그리자 사랑의 주님은 나의 간절한 기도를 외면치 않으시고 응답하시었다. 그것은 바로 지혜를 주신 것이다.

　"가만! 이 일이 나에게 오면 하느님이 여행비를 주시는 것이니까, 원가 플러스 여행비 플러스 가서 쓸 돈 모두를 합하면 되지 않겠어?"

　나는 하느님이 알려 주신 공식대로 견적을 뽑아놓았다.

　(가서 써야할 용돈도 조금 넉넉히) 히히...

　그리고 얼마가 지난 후 나를 추천한 회원이 전화로 입찰 날짜를 알려주며 12시까지 접수하란다.

　"기도 많이 하셨나요?" 하며...

　그날은 금요일이었다. 아침 일찍 접수를 한 나는 서소문 순교성지

미사에 가서 미사를 드리며 담담한 마음으로 감사를 드렸다.

2013년 일년 동안 매주 금요일은 그곳, 야외에서 미사를 드리고 있었기 때문이다.

그런데 오후 3시가 가까이 오는데도 전화가 없다.

점심 먹고 1시 지나서 봉투를 개봉한다고 했는데,

"떨어졌나!"

떨어진 회사에는 통보를 안 하니 연락 없으면 떨어진 것으로 알라고 했다.

"아무래도 내가 불리하지 뭐, 얼마나 금액들을 잘 써 넣었겠어!"

그 시간에 나는, 만날 때마다 하느님 이야기를 하며 성당 가자고 꼬시고(?)있던 친구를 만나 택시를 타고 어딘가를 가고 있었다.

그 친구도 추천인과 같은 모임의 회원이다.

나는 너무도 단순해서 포기한 입찰 건은 금방 잊어버리고 수다를 떨고 있었다.

3시가 조금 지났을 때 나의 핸드폰에 추천인의 이름이 뜨며 벨이 울렸다.

"양 사장, 축하해요. 대단해. 어떻게 그렇게 잘 쓰셨수!"

"됐어요. 양 사장 회사가 됐어!"

"정말?"

"와~ 하느님 감사합니다. 여행비 주셨네요!"

"다음주 화요일에 계약에 필요한 서류 준비해서 오세요!"

나는 너무 기뻐서 차 안에 나 혼자 있는 것처럼 소리를 질렀다.

"주님, 감사합니다. 입찰 금액 알려 주셔서 감사하고요!"

영문을 모르는 옆에 친구에게 상황을 이야기 해주며 나는 말했다.

"그러니까 자기도 성당에 가봐. 하느님께 다 부탁해. 어려운 일 있으면!"

그녀는 말했다

"나는 부처님한테 기도해. 그렇지만 좀 더 생각은 해 볼게."

전에 같이 아주 부정적으로 말하진 않았다. 선교의 가능성이 조금 보이는 것 같다.

계약서에 서명을 하러가니 추천인이 전해줬다.

일곱 회사가 왔는데 위, 아래 두 곳 빼고 평균을 내보니 우리 회사가 가장 평균 금액에 가까웠고 2등과의 차이는 32만 원이었단다.

하느님은 오묘하시다. 이런 방법으로 여행비를 주시다니…

이 어찌 내가 잘 썼다고 말할 수 있을까!

하느님, 감사합니다. 아멘.

*** 여행은 신청인이 부족해 2014년으로 미루어졌고 하느님이
주신 여행비는 먼저 필요한 곳으로 다 지출 되었으니,
아마도 나는 또 하나님을 졸라대야 할 것 같다. 히히…

주일에 등산 가서 혼난 일

2013년 봄 어느 주일

나의 모든 일상이 점점 하느님을 위주로 변화되어가면서 그렇게 좋아하던 주일에 여행과 등산, 친구 만나는 것들을 자제하다 보니 언제부터인지 사람들은 주일에 가는 여행이나 등산모임에서는 나를 잘 부르지 않는다.

"성당은 너 혼자 다니니? 다른 사람들은 토요일에 성당 갔다 와서 주일에 잘도 다니는데!" 하며 혼자 믿는 사람같이 유난을 떤다고 핀잔을 준다.

그러거나 말거나 나는 특별한 일이 아닌 다음에는 주일 11시 미사를 드리는 것으로 원칙을 세웠다. 그리고 모든 모임에서 주일에 행사 계획을 세우면 절대 반대로 미움을 받은 적도 있었고 결정이 내

맘대로 안되면 참석을 잘 하지 않는 편이다. 그리고 그들을 비난했다. 나만 신앙심으로 똘똘 뭉친 사람처럼.

"주일은 주님과 함께" 라는 슬로건을 가지고.

남들이 보기엔 엄청난 신앙심이 있는 것처럼 보일지도 모르지만 항상 기도거리가 많으니 주일이라도 지키면서 무엇인가를 달래야 면목이 서지 않겠나 싶기도 하지만 사실은 나는 주님이 너무 좋아서다. 그것은 진짜다. 사랑한다.

수료식은 했지만 서초구청의 모임은 부동산 사무실에서 일하시는 분들이 절대적으로 많다. 그러다 보니 어쩔 수 없이 모든 행사가 그들이 쉬는 주일에 진행할 때가 많다.

그날의 행사는 홍성에 있는 산에 올라가 진달래를 보고 바닷가에 가서 제철이 아니면 못 먹는다는, 새조개를 먹는 '먹거리를 찾아가는 여행'이다. 역시 그 여행도 주일에 떠나는 것으로 결정되었고.

나는 카톡으로 계속 연락이 와도 남의 일인 것처럼 관심을 두지 않았는데 누군가가 새조개 이야기를 하며, 지금 안 먹으면 내년에나 먹을 수 있고 또 자연산이라 가격이 비싼 것인데 적립된 회비를 가지고 쓰기 때문에 안가면 무지 손해인 것처럼 나를 부추긴다.
"그럼 이번 한번만 가볼까!"

“남들은 토요 특전 미사 드리고 주일에 여행가고 등산가더라 뭐.”

나는 주일에 행사하는 것에 대해 반대를 언제했냐는 듯, 나의 결정을 합리화시키며 등산가는 회비를 보냈다. 그래도 양심은 있어서 토요 특전 미사를 드리고 나니 마음이 좀 편해졌다.

“봄에 가는 여행은 역시 좋아, 오래간만에 등산와보네!”

나는 주일이라는 사실은 잊어버리고 11시 미사시간에 말씀이 아닌 진달래 향기에 취해서 땀을 흘리며 산에 올랐다.

점심을 간단히 산에서 먹은 우리는 드디어 새조개를 먹으러 예약된 식당으로 떠났다. 관광버스를 타고. 버스는 깨끗했고 식당으로 가는 동안 피곤한 몸을 쉬고자 하니 옆에 앉았던 회원은 재미가 없었는지 술꾼들이 몰려있는 뒷자리로 가서 그곳에 합류했다.

앞줄과 뒷줄 사람들도 모두 맨 뒤에 차려진 술자리로 가서 아무도 없었다. 나만 커다란 관광버스 유리창을 혼자 차지하고 있었다.

버스 기사 아저씨는 그곳이 처음인지 길을 잘 못 들어선 것 같았다.

시골의 작은 터널 같은 곳에서 좌회전을 하더니 이내 잘 못 온 것을 알았는지 그 큰 버스를 후진하는 것이었다.

나는 기사 아저씨 쪽으로 앉아 있었는데 바로 그때 후진하는 우리 버스를 뒤따라오던 지방 버스가 터널로 들어오며 내가 앉은 자리를 들이 받았다.

정말 눈 깜짝할 사이였다. 거대한 버스가 나를 향해 다가오더니 와장창하며 내가 앉았던 자리에 커다란 유리창이 산산이 금이 가며 내게로 쏟아지듯 다가왔다.

다행히 지방 버스는 급정거를 하였고 우리 차는 유리창만 부서지고 다른 큰일은 일어나지 않았다.

그 큰 유리조각들이 내게로 쏟아졌지만 다치지는 않아서 서로 보험처리를 하기로 합의를 한 다음 예약된 식당으로 떠났다. 깨어진 유리창은 두꺼운 종이로 막은 다음 넓은 테이프로 단단히 붙이고.

집으로 돌아오는 길에 나는 계속 생각했다.

'왜 하필 내가 앉아 있던 자리에만 버스가 부딪쳤을까?'

'10센티만 버스가 더 들어왔어도 나는 크게 다치거나 죽었을 거야.'

'나만!'

'다른 사람들은 모두 뒤에서 술 마시고 있었잖아.'

'그래! 이 일은 입으로만 하느님을 사랑한다고 하면서 주님에 날에 세상 재미에 빠져 주님을 잊어버린 나의 잘못을 깨닫게 하신거야.

오늘 즐겁고 재미있게만 보냈다면 나는 또 주님을 모르는 사람들과 함께 주일에 다른 여행을 다니겠지. 토요 미사 드리고, 아무렇지도 않게...'

집으로 무사히 돌아온 나는 하느님께 회개하며 용서를 빌었다.

"주님 용서해 주세요. 입으로는 주일 미사에 빠지지 않겠다고 남들에게 들으라는 듯이 큰소리치고는 그 작은 새조개 같은 것에 마음을 빼앗겨 모든 약속을 다 허사로 만들며, 주일을 경건하게 지내지 못 하였습니다.

다시는 합당한 이유 없이 주일을 다른 곳에서 보내지 않겠습니다!"

아무리 생각해도 주님께 왜 나에게만 이런 일을 만드셨냐고 따지
려고 해도 할 말이 없다.
누군가가 억지로 나를 데려간 것도 아니고,
누군가를 위해서 간 것도 아니고,
하느님이 주신 자유 의지로 선택했으니.
"하느님, 용서해 주세요. 잘못했어요!" 잉잉~

아이티로 보낼 약은
어디에 있니!

2012년 봄

서부역 앞에는 '소중한사람들'이라는 교회를 이끄시며 300여 명 노숙인들의 식사를 365일 하루도 빠지지 않고 준비하시는 유정옥 사모님이 계시는데, 부군 되시는 분이 목사님이시라 우리는 그분을 사모님이라고 부른다.

그곳에서 매일 매일 풍성한 반찬과 따뜻한 밥으로 많은 사람들을 배 불리 대접하는 것을 보며 나는,

"많은 사람들이 한 분이신 하느님을 믿는데 저분은 어떠한 하느님을 만났기에 저러한 삶을 살까?" 하는 경의로움을 느낄 때가 많다.

하여간 하느님의 은총을 듬뿍 받고 큰 일꾼으로 선택받은 분인 것만은 틀림없다.

그분은 아이티, 북한 등에서도 선교 활동을 하시기에 많은 의약품

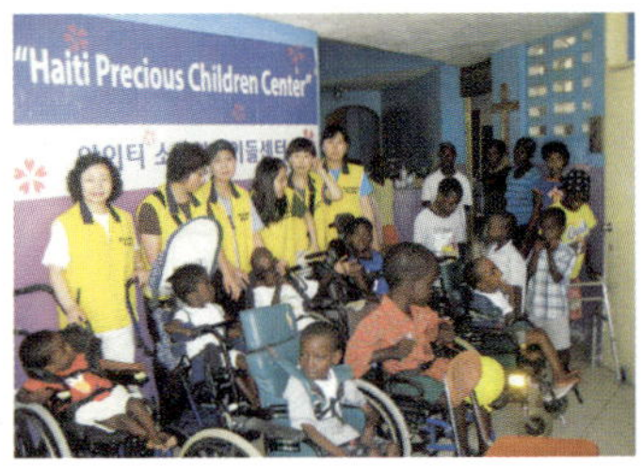

과 물품들을 가지고 일 년에 서너 번씩 현지로 떠난다.

어느 날 같이 식사를 하며 대화 중에, 다음 달에 아이티에 가는데 약이 많이 필요하시단다.

병원을 세우고 봉사하시는 의사들이 오셔서 그곳 아기들과 주민들을 치료한다며 항상 약이 부족하다는 것이다.

나는 또 안 해도 될 말을 하고 말았다.

"제약회사를 여러 곳 거래하는데 약 좀 부탁해 볼까요?"

"그러면 좋죠. 얼마나 많은 사람들이 약이 없어 고생하는지 몰라요!"

"알았어요. 말해볼게요!"

그 무렵 잠원동에 있는 아파트가 너무 오래돼서 수리를 대대적으로 할 일이 생겼다. 집을 비우고 공사를 해야 하기 때문에 세입자에게는 돈을 빌려서 보증금을 돌려주고 보름 이상 수리를 하니 새집이 된 것 같다.

그런데 세입자는 얼마든지 있으니 걱정하지 말라고 부동산 사무

실에서는 자신있게 말하는데 웬일인지 수리되어 새집이 된 아파트
는 임대가 되지 않고 날짜가 가니 이자가 걱정이다.

"이상해요. 사모님! 다른 집들은 수리를 안 해도 다 나갔는데 이
유를 모르겠어요."

나는 기도하기 시작했다. 아니 수리하기 전부터 기도는 했다. 좋
은 사람 들어와서 평안하게 살게 해 달라고.

집수리 한지 한 달이 넘었는데 계약은 이루어지지 않고 나는 초조
해졌다. 강변에다가 층수도 나쁘지 않은데, 시세보다 비싸게 내놓은
것도 아니라고 부동산 사장님들도 말했는데 왜 계약이 안 되냐고!

그때는 매일매일 집 문제로 아침기도를 시작한 것 같다. 다른 것
은 안중에도 없고 내 문제만 가지고 주님을 조르며.

그러던 어느 날 아침 그날도 아침기도를 시작하는데 갑자기 내가
나한테 어이없는 생각이 들며 하느님께 부끄럽기 시작했다.

"아니, 지금 얼마나 어렵고 힘든 사람들이 많은데, 세입자 좀 늦
게 들어온다고 그 일에만 매달리는 기도나 하고 있는 내가 제대로
된 사람이야!"

"지금 우리의 기도가 필요한 사람들이 내 옆에도 얼마나 많은데
그들을 위한 기도는 하지 않고 임대 좀 늦게 나간다고 안달을 하는
내가 하느님 믿는 사람 맞아?"

"하느님이 복덕방 주인이야?"

나의 기도는 갑자기 회개와 용서를 구하는 기도로 바뀌었다. 그리고 하느님께 약속했다. 집 문제의 기도는 다시는 안 하겠다고, 그 대신 하느님의 일을 할테니 알려 달라며 기도를 끝냈다.

그렇게 이른 아침에 하느님과 한바탕 소동을 일으킨 후 출근하는데 갑자기 서울역 사모님이 생각났다.

"아이티 가실 때가 다 된 것 같은데 약 구하는 것을 잊어버렸네!"

전화를 드려 언제 가시는지 확인해 보니 모레 토요일에 떠나신단다.

집 문제로 신경 쓰느라고 아이티로 보낼 약 구하는 것은 잊어버리고 생각조차 안했다.

그렇게 아이들이 약이 부족해 고생한다는데, 욕심으로 가득 찬 나는 다른 누구를 위해서는 아무것도 하지 않고 있었던 것이다.

"하느님! 용서해 주세요. 지금 빨리 알아볼게요."

약을 주신 이경옥 회장님과 함께 경주에서

나는 평소에 존경하고 있었던 동구제약의 이경옥 회장님께 전화를 드렸다. 그분은 개신교 신자 분이신데 많은 봉사활동을 하시며 인도와 방글라데시에는 학교와 병원도 세우시고 최근에는 케냐에도 학교를 지으신, 하느님 일로 너무 바빠 시간을 쪼개어 사시는 큰 언니 같은 분이시다.

전화로 이야기를 들으신 이 회장님은 걱정 말라며 말씀하셨다.

"약은 줄게, 언제 필요한거야?"

"모레 토요일에 아이티로 떠나신데요!"

"아이, 양 사장! 모레 필요한 것을 지금 얘기하면 어떡해? 지방 공장에서 재고도 있는지 확인해야 하고, 올라오는데도 시간 걸리는데, 다음에 가져가. 미리 얘기하고!"

"넹!"

또 다른 곳에도 전화해보니 그곳에서도 시간이 촉박하다며 다음에 미리 말하란다.

"내가 하는 일이 그렇지 뭐! 성의도 없이 이렇게 막판에 달라니, 손에 들고 있다가 주는 것도 아니고, 당연히 못 주지. 주님! 용서하세요."

아침부터 풀이 죽은 나는 사무실에 앉아서 한숨만 쉬고 있는데 전화벨이 울렸다. 이경옥 회장님이다.

"양 사장, 내일 새벽 6시에 용산역으로 나와. 내가 남해에 가는데 거기서 약을 줄게. 차 가지고 와요. 부피가 좀 될 거야!"

"네, 회장님!"

조금 후에 다른 회사에서 또 전화가 왔다.

"양 사장님, 서울에 재고가 좀 있네요. 어디로 보내면 되는지 알려줘요!"

"네, 이사님!"

갑자기 기운이 난 나는 콧노래가 다 나왔다.

이튿날 새벽, 난 원래 야행성이라 아침 일찍 일어나는 것은 정말
힘들어 한다. 하지만 그날은 새벽이 기다려지고 일찍 용산역에 나가
는 것이 즐겁고 기뻤다.

이경옥 회장님은 뒷좌석에 꽉 차는 커다란 약 박스를 두 개나 가
지고 나오셔서 하시는 말씀이

"빨리 갖다 줘요. 다음엔 미리 미리 말하고!"

새벽을 그렇게 즐겁게 보낸 나는 날아갈 것 같이 발걸음이 가벼
웠다. 자나 깨나 하던 집 걱정은 다 어디로 갔는지 생각도 나지 않
고 배짱만 생겨서...

"이자 주면 되지 뭐. 지가 언제까지 안 나가겠어!"

그날 오후, 나는 용인에서 일을 보고 있는데 부동산 사무실에서
전화가 왔다.

"사모님, 신혼부부인데 계약을 한다네요! 그런데 직장이 8시에 끝
나니까 9시에 계약할 수 있다는데 좀 늦어도 괜찮죠?"

"괜찮아! 나도 일 때문에 멀리 있어요. 저녁 먹고 갈 거니까 그 시
간에나 도착할 수 있겠네요!"

저녁 9시에 계약은 이루어졌고 나는 하느님께 감사의 기도를 드
렸다.

"하느님은 나의 일 보다 당신 일을 먼저 하게 하시려고 나를 시
험 하셨나?"

나는 미련하여 하느님의 속을 모르겠다. 지혜를 주세요, 지혜를!

*** 그날 들어온 약이 많아서 아이티뿐만 아니라 북한 선교사님을

통하여 북한 어린이들에게도 약이 보내지고 서울역

노숙인들에게도 사용되었다고 사모님이 나중에 말씀하셨다.

15만 원의 열 배 150만 원

2012년 가을

나에게는 미국 라스베가스에 살고 있는 큰 언니가 있다.

그 언니는 몇 년에 한 번씩 서울에 나와 여행도 하며 쉬고 돌아가는데 큰 딸의 집과 이웃하여 살며, 손녀들을 돌보아 주다가 몸이 피곤해지면 한국에 나와 심신을 재충전하고 돌아간다.

2012년 가을, 언니가 약 한 달 가량 여행을 다니며 휴가를 보내고 돌아갈 때의 이야기다.

추석 연휴를 보내고 떠나는 날.

공항에 도착할 때나 돌아갈 때는 언제나 내가 언니를 마중하고 배웅하기에 그날도 우리는 지난 이야기를 하며 공항을 향하여 달리고 있었다.

인천공항이 얼마 남지 않았을 때 언니는 가방을 열더니 봉투를 하나 꺼내 주며 말했다.

"너 이거 써."

"뭐야? 돈이야!"

"응, 쓰고 남은 것인데 너 써."

"얼만데?"

"한 150만 원 정도 될 꺼야!"

"진짜?"

언니는 인정이 무척 많은 사람이다. 서울에 올 때는 많은 선물들을 가지고 와서 우리를 즐겁게 해주었고, 무엇인가를 사 주는 데는 인색함이 없지만 지금까지 나에게 돈을 준 적은 한 번도 없었다. 그것도 150만 원씩이나!

물론 내가 돈을 달라고 할 정도의 궁색함은 보여 주지 않았고, 우리 아이들에게도 선물은 사다 줬어도 돈은 준 적이 없었다.

"고마워, 언니! 그런데 왜 갑자기 돈을 주는 거야?"

"그냥…"

"그냥! 언니가 나한테 돈을 주는 것이 처음이라 물어보는 거야!"

"그러니? 그러네, 정말."

언니도 알 수 없다는 표정이다. 그냥 주고 싶어서 준다며 웃는다.

나는 잠깐 동안 무엇인가를 생각하다가 언니에게 말했다.

"언니, 참 재미있다!"

"뭐가?"

"내가 추석 전날 친구한테 그냥 써 하며 15만 원을 줬는데 추석 다음 날 150만 원이 들어오네, 그냥 써, 하며!"

"그래! 누구를 줬는데?"

나는 이야기 했다. 사연인즉슨,

그 친구는 오래 전에 어느 여성봉사단체에서 만난 친구다.

한 때는 남부럽지 않게, 아이들도 해외 유학을 보낼 정도로 잘 살았는데 남편의 사업이 어려워지고 건강도 나빠져 요즘은 그 친구의 수입으로 살아가고 있다.

그런데 오랫만에 추석 전전날 밤, 늦은 시간에 그 친구에게 전화가 왔다.

"자기야, 뭐해?"

"내일 모레가 추석이라 업체들 결제 다 해주고 나니 허무해서 앉아 있어. 수금은 잘 안 되고 줘야 할 곳은 많고, 직원들까지 조금씩 주고 나니까 이십여만 원 남은 것 같아."

"나는 지금 집에 가는데, 이만 원 있어. 지갑에, 나보다 많네!"

그러면서 전화가 뚝 끊어졌다. 다시 번호를 눌려 봐도 먹통이다.

"배터리가 떨어졌나?"

나는 마음이 짠해져왔다.

얼마나 발걸음이 무거울까, 추석은 내일 모레인데. 이 어두운 밤

에 어깨가 처져 집으로 가는 친구의 모습이 상상되며 나의 마음도
무거워졌다.

　다음날 아침.
　나는 그 친구에게 전화를 하여 물었다.
　"왜 전화가 끊긴 거야?"
　"응 배터리가 떨어졌어!"
　"은행 번호 좀 불러봐."
　"왜?"
　"지갑 열어보니까 이십 몇 만 원 있더라. 15만 원 보낼게. 그냥
써."
　"그럼 자기는?"
　"카드 있잖아. 현금도 조금 있어야 하니까 다는 못 주고 나눠 쓰
자!"

　그렇게 추석을 보내고 나는 언니와 공항으로 가고 있었는데 생각
지도 않은 돈을, 그것도 열
배로 받았으니 하느님이 주
셨다는 생각을 어떻게 하지
않을 수가 있을까!
　"언니, 나는 하느님이 항
상 열 배로 주셨거든. 지금
도 봐. 열 배잖아!"

미국에서 온 언니와 함께

"그러네, 열 배네."

언니도 인정하며 재미있어한다.

돌아오는 길에 봉투를 열어보니 미화와 원화가 섞여 있었다.

계산해보니 그것은 약 150만 원이었고...

무엇을 먼저 해야 하겠니?

2011년 초여름

그날은 어느 단체에서 정기적으로 한 달에 한 번 하는 골프 모임의 날이었는데, 연회비를 미리 내고 하는 운동이라 웬만하면 빠지지 않는다. 티업은 오후 12시 30분이다. 시간적으로도 많은 여유가 있었다.

나는 아침에 출근하여 일을 대충 보고, 사무실 옆에 있는 현금인출기로 가서 10만 원을 찾으면서 일은 시작되었다.

나의 계획은, 5만 원은 몇 년 전부터 매달 정기적으로 보내고 있는 아프리카(남아공화국) 선교사님 몫이고, 나머지 5만 원은 오늘 수고해 줄 캐디아가씨에게 줘야 할 돈이었다. 선교사님에게는 며칠 전에 보냈어야 하는데 차일피일 미루다가 '오늘 보내고 운동하러 가자' 하고 마음을 먹은 것이다.

그분은 어느 개신교회에서 아프리카로 파견한 선교사님인데, 그분을 잘 아는 어느 지인으로부터 그곳에서 많은 고생을 하며 하느님의 일을 묵묵히 하신다는 이야기를 듣고 선교 헌금을 보내기 시작했었다.

그런데 돈을 찾은 나는 걸어갈 일이 갑자기 귀찮아지며 꾀가 나는 것이다. 선교사님에게는 자동이체가 되지 않기 때문에 은행을 직접 가든지, 아니면 폰뱅킹으로 보내야 하는데 그날은 현금을 찾아놓았기에 직접 가서 보내야 하고, 그 은행은 내가 거래하는 은행과 다르기 때문에 약 3~4분 더 걸어 내려가야만 있다.

하늘도 쾌청한, 운동하기에 아주 좋은 날이었고 시간도 넉넉한데 왠지 걸어가기가 싫고 멀게 느껴지는 것이었다.

"내일 보낼까?"

"아니야, 보내고 가는 것이 낫지!"

"한참 가야 하는데 내일 보내지 뭐!"

"내기라도 할 수 있으니까 일단 돈을 다 가지고 가자!"

나는 결국 골프장으로 발길을 돌렸다. 선교사님은 잊어버리고.

골프장에 도착한 나는 점심을 먹고 락커에서 칫솔을 꺼내 세면장으로 갔다. 시간은 약 2~3분?

돌아온 나는 락커 문을 여는 순간 의아해졌다.

문이 잠겨있지 않은 것이다.

남아공에서 보내온 사진들

"내가 잠그는 것을 잊었나?"
"아닌데, 분명히 잠궜는데!"

나는 얼른 지갑을 찾았다. 다행히 지갑은 있는데 안에 돈이 뭔가 이상하다. 돈은 오만 원만 있었다.

5만 원은 없어지고. 분명히 10만 원 찾았는데 황당했다. 현금인출기에서 돈 찾은 명세서에도 10만 원으로 찍혀있었다. 하지만 어느 누구를 의심하겠는가. 아무런 증거도 없는데...

아얏 소리도 못하고 필드로 나가는 나의 발걸음은 무겁고 즐겁지 않았다. 운동을 하는 내내 그 일이 머릿속에서 떠나지 않았고 나는 깨닫기 시작했다. 나의 잘못을.

"그 정도 거리가 뭐가 멀다고, 골프장에서는 훨씬 더 많이 걸으면서!”

“나는 지금 놀고 있잖아. 시간이라도 없었어야 변명이라도 하지!”

“선교사님은 그 더운 곳에서 땀 흘리고 수고하고 있는데, 힘들고 어려운 하느님의 백성을 위하여!”

“나는 지금 무엇을 하고 있는거야!”

“얄량한 몇 푼 보내면서 대단한 것이라도 보내는 양 매달 제 날짜에 한번 보내지 않고, 번거러워하고, 생색내고!”

“하느님, 잘못했어요! 용서해 주세요.”

돈을 잃어버려서가 아니라 하느님께 죄송하고 선교사님께 미안한 마음으로 괴로웠고 나는 집에 돌아와 하느님께 회개하며 용서를 빈 다음에야 잠을 잘 수 있었다…

주님,
저 차 좀 치워 주세요!

2014년 1월 15일

중학교 동문들이 모여서 협동조합을 만든 단체가 있다.

우리는 그 단체에 인쇄물을 납품하는 협력 업체로 선정되어 그 단체의 임원들에게 회사를 소개해야 한단다.

이사회는 어느 큰 식당의 룸을 빌려 하는데, 다른 업체 서너 분은 회사소개를 하고 나서 바쁘다며 떠났고, 나와 또 다른 일을 하는 여성 한 분만이 협회 사람들과 식사를 하기로 했다.

우리는 자연스럽게 서로의 업종을 소개하며 인사를 나누었고, 이런 저런 이야기를 하며 이사회가 끝나길 기다렸는데 예상보다 회의 시간이 길어지고 있었다.

처음 만난 두 사람은 신상에 관해 몇 가지 물어보고 나니 화제 거리가 없다.

　마주 앉아 있으면서 할 말이 없어진 나는 드디어 아들이 항상 엄마를 걱정하며 우려하는 말을 결국 하고 말았다.

　(아들은 엄마가 너무 걱정 된단다. 아무한테나 하느님 이야기를 하니 사람들이 엄마를 너무 싫어할까 봐. 그래서 내 주위에 사람들이 다 떠나서 나중에는 외톨이가 될 것 같은 불안감이 크다며 제발 좀 종교 이야기는 하지 말라고 신신당부 했는데...)

　"종교 있어요?"
　"네, 불교예요!"
　"그래요! 나는 가톨릭이에요."
　나는 그녀와 종교를 논하며 자연스럽게 하느님이 너무 좋으시다는 이야기를 했다.
　눈치를 보며, 기분 나쁘지 않게, 처음 만난 여자에게. 하느님 이야기를...

　그녀는 의외로 재미있어 하며 관심을 조금 가지는 것 같았다.
　신이 난 나는 여러 가지 체험담을 이야기하며 하느님을 소개했고, 선교하라고 그러는지 이사회는 늦어지고 있었다.
　나는 시간 가는 줄 모르고 그녀에게 하느님이 나에게 해 준 이야기를 하며 결국 성당에 다니자는 이야기까지 발전하고, 마지막으로 한술 더 떴다.

"아무래도 오늘 사장님을 하느님이 찍으신 것 같아요. 그러니까 이렇게 내가 사장님에게 선교를 하지. 나 아무한테나 이러지 않는데... 히히..."

이사회는 늦어지고 있었고 할 말을 다한 나는 먼저 일어났다. 해야 할 일이 많다며.

차를 세워 둔 건물 주차장은 좁은 골목에 있는데, 차를 빼려고 온 나는 황당했다. 어느 승합차가 내 차 뒤 좁은 골목에 불법주차를 해 놓고 가버린 것이다. 아무리 노력해도 완전하게 차를 빼낼 수가 없다. 더군다나 전화번호도 남겨 놓지 않았으니.

"아니, 이런 인간이 어디에 있어. 차를 이렇게 세워 놨으면 전화번호라도 남겨야지!"

"어쩌지, 추운데 마냥 기다릴 수도 없고."

침착하지 못하고 왔다 갔다 하며 어찌할 줄을 몰라 하던 나는 조금 전까지 부드러운 목소리로 주님을 소개했던 모습은 어디로 가고, 금방 목소리를 바꾸어 짜증을 내며 주님을 불렀다.

"주님, 저 어떡해요! 여기서 마냥 기다릴 수 없잖아요. 저 차 좀 빼 주세요."

"저, 지금 하느님 소개 하느라고 늦었지, 놀다 온 거 아니잖아요!"

"저 차 좀 치워 주세요. 주님!"

혼자 중얼중얼하며 어두운 골목에서 애타게 주님을 불렀다.

그렇게 주님을 부른 지 약 3~4분 지났을까? 웬 차가 라이트를 깜박깜박하며 골목으로 들어온다. 그러더니 그 불법주차 한 자동차 앞으로 다가서는 것이 아닌가.

"뭐야, 저 차는?"
"견인차 아냐!"
나는 쏜살같이 뛰어가 운전하는 분에게 물었다.
"이 차 가져가실려구요?"
"네."
"어떻게 알고 오셨어요? 이 골목에 있는 것을!"
"누군가가 신고했겠죠. 뭐!"
나는 바보 같은 질문을 또 했다.
"누가요?"
"모르죠 뭐, 신고 받으면 그냥 우리는 끌어가면 되니까요!"
"근데 왜 전화번호를 남기지 않았을까요?"
"요즘 술 먹으러 가는 사람들이 일부러 안 남겨요. 전화하면 술 먹다가 나와야 하잖아요."

그는 긴 막대기 같은 것을 꺼내어 타이어 쪽에 무엇인가를 묶더니 빠른 속도로 서 있던 차를 견인차에 연결하고 휭 하니 끌어가 버렸다. 한순간에!
나는 하도 기가 막혀 멍하니 서서 끌려 간 자동차가 있던 자리를 한참 동안 바라보았다.

“또 우연이야?”

“아니야! 믿는 사람들에게는 우연이 없다고 어느 신부님도 강론 때 말씀하셨어. 주님은 내가 나올 때를 기다리시다가 견인차를 미리 부르신 게 틀림없어. 히히...”

“왜? 나는 주님이 하라고 하신 일 하고 있었으니까!”

우습기도 하고, 그러다가 심각해지기도 하며 천천히 집으로 차를 몰고 왔다.

“신앙의 신비야”를 되뇌이며...

밍크 목도리

2005년 겨울

나는 광고 쪽 일을 오랫동안 하다 보니 다양한 직종의 많은 사람들을 알고 있다.

종교도 나의 소속은 가톨릭이지만 개신교, 불교 등 다른 종교인들과 서로 교류를 하며 가깝게 지내고 있는 분들이 많다.

그때는 아마 나의 신앙이 조금씩 자라고 있을 때였나 보다.

많은 기도 모임에 참석해야 복을 많이 주신다고 생각했는지 개신교 신자들이 기도모임이 있다고 초청하면 시간이 되는 한 거리낌 없이 참석했다.

가톨릭 신자는 어디가나 나 한 사람이었지만, 복을 그들만 받는 것 같아서 악착같이 참석하고 기도했다. 지금 생각하면 하느님이 그런 욕심을 갖게 하신 것 같다.

혼자서는 기도를 많이 하지 않고 성경을 읽어도 잘 이해하지 못

하니까.

그해 겨울 매주 목요일 새벽에 모여 기도하고 간단히 차를 마시는 '모내기'(모든 것을 내려놓고 기도하자)라는 기도모임에 나가고 있었다. 리더하시는 어느 분의 큰 사무실에 모여 기도하는데 그곳은 특히 방송분야에서 일하시는 분들이 많았고, 그 외에 다양한 직업을 가지신 분들이 서로 교류하며 친목을 다지는 곳이었다.

새벽 기도회를 이끄시는 분은 어느 작은 교회의 여 목사님이었는데, 정말 소박하고 정갈한 마음을 가지신 분이다.

그 목사님과도 조금씩 정이 들어갈 무렵 크리스마스가 다가오고 있었고, 사례도 없이 매주 기도해주시는 그분께 감사의 표시를 하고 싶어 무엇으로 할까 하며 고민하는 중, 목사님의 목도리가 눈에 들어왔다.

그 목도리는 좀 오래된 듯 낡아 보여서 따뜻할 것 같지가 않았다.
"그래, 목도리로 하자. 그런데 얼마짜리로 하지?"
나는 먼저 돈 계산부터 하며 고민하기 시작했다.

"내 맘에 드는 것은 가격이 부담되고, 그렇다고 아무거나 사드릴 수는 없고."
그러면서 그곳에서 같이 기도하는 친구와 무엇이 좋을지 의논하고 있는데 전화벨이 울렸다.
"양 사장! 주소 좀 불러 봐요, 내가 뭐 좀 퀵으로 보낼게!"

선물을 같이 고민하던 친구 허순애와 함께

"뭔데요?"

"응, 친구가 모피 회사를 하는데, 세일하니까 좀 팔아 달라네. 그래서 회사에서 거래처에 보내는 연말 선물로 밍크 목도리를 했어요. 한 열댓 개 주문했는데 하나 보내려구!"

"밍크 목도리!"

옆에 있던 친구와 나는 깜짝 놀랐다. 일과 관련 있는 업체의 대표가 목도리를 보낸단다.

지금 목사님께 드릴 목도리 고민하고 있는데, 그것도 모피라니.

"그럼 빨리 보내요. 기다릴게!"

친구와 나는 서로 얼굴을 마주보며 거의 동시에 말했다.

"하느님이 목사님 드리라고 보내시나 봐."

"그런데 너무 좋은 것이 와서 드리기 싫어지면 어쩌지?"

"아니야! 그래도 무조건 드릴거야. 이것은 하느님이 목사님 드리라고 주시는 게 틀림없어!"

조금 후 도착한 목도리를 보며 우리는 다시 한 번 하느님에 세심함에 감탄했다.

그것은 화려하지 않지만, 값싸 보이지도 않는 윤기있는 까만색 밍크 목도리로 누가 봐도 목사님에게 어울리는 고급스러운 목도리였다. 나에게는 어울리지 않는...

　목도리를 받으신 목사님은 내가 산 줄 아시니까 너무 고맙다며 미안해 하시고. 난 속으로 말했다.
　(목사님 내 돈으로는 이렇게 비싼 거 못 사드려요. 하느님이 목사님에게 선물하신 거예요. 내 돈으로 사면 이것만 못 한거 살 테니까, 미리 아시고 보내신 거죠. 저를 통해서!)

　하느님, 감사합니다.　다음엔 저도 주세요!　히히...

가난한 마음의 기도

2013년 여름

2012~13년은 길지 않은 나의 신앙생활 중에 가장 활발하게 성당 일에 참여와 봉사를 하고, 하느님의 은총도 많이 받은 해인것 같다. 신부님과 수녀님은 신자들을 더욱 하느님께 다가가게 할 수 있는 여러 가지 프로그램을 만들어 많은 사람들이 참여하도록 독려 하시고 나도 적극적으로 성지순례나 피정, 교육 등 하느님을 가까이 느낄 수 있는 여러 가지 과정에 참여했다.

그 중에 하나가 음악피정미사 프로그램이다.

김포에 있는 한국가톨릭문화원에서 진행하는데 매주 목요일 오후 2시부터 시작한다.

박유진 신부님의 분위기 있고 달콤한 목소리를 들으며 시작되는 음악미사는 일반적인 미사만 참여하던 나를 음악과 함께하는 미사의 또 다른 체험과 많은 은총이 있음을 깨닫게 하였다. 그래서 가끔 성당가족들과 그곳에 가서 음악피정미사를 드린다.

박유진 신부님은 그곳에 오셨던 많은 신자분들에게 매일 매일 기도문을 휴대폰 문자로 아침 7시 30분경에 보내시는데 항상 나만 아시고 나에게만 보내는 것 같은 착각을 일으킨다.

그것은 기도문에 각 사람의 세례명이 입력되기 때문이다.

나는 아침마다 오는 기도문에 감사하며 또 다른 걱정도 한다.

이 많은 문자 발송비용을 어떻게 감당하시나 하며 도와드리지 못하는 죄송함도 함께…

그러던 어느 날(7월 17일 아침).

눈 뜨면 제일 먼저 새벽 기도를 하는데, 그 날의 기도는 주님께 돈 달라는 기도만 엄청나게 하며 죽겠다는 소리와 힘들다는 하소연만 하다가 결국은 액수까지 제시하며 주님을 졸라댔다.

"주님 저 10억만 주세요. 그것 주시면 허튼 데다 쓰지 않고 잘 쓸게요. 봉사금도 내고 하느님 사업에도 나눠 주고, 은행대출도 갚고." 등등.

원 없이 달라는 기도를 한 나는 TV 앞에 앉아 뉴스를 보고 있었다.

이렇게 아침부터 돈타령을 하는 나의 기도를 들으신 주님은 너무도 기가 막히고 한심하셔서 참을수가 없으셨는지 카톨릭문화원의 박유진 신부님을 통하여 즉각적으로 기도에 대한 응답을 주셨다.

기도할 때, 가난한 시인이 시를
쓰는 마음으로 율리아
기도하게 하소서!♥

07/17 오전 7:23

"주님, 저도 그냥 한번 해 본 소리에요! 들어 주실 것이라고 생각 안 했어요. 아무리 그래도 그렇지, 이렇게 빨리 응답하시면 어떻게요. 희망이라도 가질 수 있게 가만 계시지!"

나는 중얼거리며 출근 준비를 하였다.

"열심히 땀 흘려 일해서 번 돈으로 살라고 하시나보다." 하며…

알겠어요! 이렇게 일할 수 있도록 건강과 일터를 주신 것만 해도 감사해요. 지금 일하러 나갈 준비하고 있어요. 주님!

음악미사를 마치고 박유진 신부님과 함께

신앙을 되찾게 된 계기

나는 사람들이 교회나 성당을 가자고 하면 언제나 준비되어 있는 말이 있었다.

"오십 세 되면 갈 거야. 그때 쯤이면 경제적으로도 안정될 나이고, 아이들도 기본 교육이 끝나니까 십일조도 낼 수 있고 건축 헌금도 팍팍 낼 수 있을 것 같으니까."

"종교도 돈이 있어야 해. 그래야 교회에 돈 내는 것 신경 쓰지 않고 다니지" 하며 마치 돈이 있어야 교회도 가고, 가는 것 자체가 신앙인 줄 알았다.

한 마디로 여유 있는 사람들이 신앙을 하나의 취미 생활하듯 하는 것으로 착각하고, 어려운 사람들이 열심히 기도하고 각종 행사에 다니는 것을 보면, "그 시간에 일을 해야지. 저러고 있으면 돈이 나오나, 저러니 힘들지" 하며 그들을 이해하지 못한 적도 있었다.

그래도 다행히 하느님이 계실 것이라는 막연한 믿음은 가슴속 깊은 곳에 항상 있어서 "나중에, 오십 되면 성당으로 가야지" 하며 나

름대로 기간을 정해놓고 때가 되길 기다리고 있었던 것이다. 그때가 되면 내 계획대로 모든 것이 다 이뤄질 줄 알고.

성당으로 방향을 잡은 이유는 중학교때 영세를 받아놓았기 때문에 그때의 잔잔한 기억들이 나를 가톨릭으로 자연스럽게 이끈 것 같기도 하다.

그런데 하느님은 나를 더 빨리 만나보고 싶으셨는지, 나에게 당신이 계심을 보여주시는 일들을 만드셔서 먼저 약현성당 앞으로 이사를 가도록 아파트를 마련해주시더니 유럽여행을 가도록 기회를 주시는 것이었다. 그것도 한 번이 아닌 여러 번을. 미술대학 교수님의 초청으로 시작된 여행이었는데 매년 유럽의 여러나라에서 미술 전시회를 하며 미술관과 유명한 성당들을 순례하는 프로그램이었다. 우리 회사는 그 교수님들의 제자들과 일하기 때문에 함께 여행할 수 있었다.

나는 갈 때마다 웅장한 성당건축물들을 보며 감탄만 했지 하느님을 만나지 못하고 돌아왔다.

그래도 하느님은 계속 해마다 갈 일을 만들어 주시며 아름다운 성당들을 보여 주셨고. 한 번, 두 번, 세 번 그리고 네 번째인 2002년 7월 드디어 스페인의 똘레로 성당을 보며 그제서야 나는 하느님의 살아계심을 느끼기 시작했다.

"하느님은 계신거야! 아니면 다들 바보가 아닌데 아무런 확신 없이 어떻게 이런 거대한 하느님의 집을 만들 수가 있어?"

"서울에 가면 성당에 나가야겠어. 구태여 오십까지 기다릴 것이 뭐야, 오십 세가 되면 가려고 한 것인데 한 삼년 일찍 간다고 누가 뭐래, 마침 성당도 창문에서 내려다보면 다 보이는 바로 코앞에 있잖아."

"가자! 성당으로, 조금 일찍."

스페인의 톨레로 대성당

무엇이 억울한지 나는 내게 타협을 하며 먼저 하느님을 만날 준비부터 하였다.

그것은 그곳 똘레로 성당에서 묵주와 미사보 등을 사서 돌아온 다음, 성격 급한 나는 오자마자 잊고 있었던 오래전에 교적을 찾아 바로 집 앞에 있는 약현성당으로 옮기는 작업부터 하고 그 다음주 성당으로 하느님을 찾아간 것이 신앙을 되찾은 시작이다. 내 발로, 스스로, 하느님은 나를 이렇게 부르시고, 잔잔한 일에 사용하시나 보다.

유럽에 갈 때 마다 세 번이나 같은 룸 멤버이며, 많은 성당건축물을 함께 감상한 모임의 언니에게 성당을 같이 다니자고 했지만 그 언니는 아직도 불교를 고수하며, 하느님 이야기만 하면 각자 알아서 믿자며 곤란해 한다.

남의 신앙도 존중해 달라며...(아들이 걱정하는 부분이다)

내가 성당을 다니기 시작하고, 조금씩 하느님을 부르며 찬미를 드리 줄 알게 되니까, 하느님은 할 일을 다 하셨다는 듯 유럽여행을 중단시키신 것 같다. 그 후로 단 한번도 더 갈 기회를 안 주신다. 하긴 목적을 이루셨으니까! 히히…

나는 올해가 만 육십 세가 되는 해다.
'늦게 배운 도둑이 날 새는지 모른다더니' 신앙생활 초기에 갑자기 불이 붙은 나는 겁 없고, 생각 없이 하느님께 서원을 했다. 서원이 무엇인지, 중요함도 모르는 나는 기분 내키는 데로 30억을 부르며 육십이 될 때 작은 기도실과 성모상을 하느님께 봉헌하겠다며, 가까운 기도 모임 사람들에게 공언을 하고 다녔다. 자랑스럽게, 엄청난 신앙심이 있는 것처럼.

주님의거룩한변모성당

　그러나 하느님은 그런 나의 교만과 신앙의 허영심을 하나하나 깨뜨리시고 자복하게 하시며 오늘 이곳까지 이끌고 오신 것이다.

　하느님께 많은 물질을 약속한 올해, 나는 물질이 아닌 그동안 보여주고 깨닫게 하신 많은 체험을 책으로 엮어 나를 사랑하시는 하느님께 드리고자 이 글을 쓰고 있다. 다행히 하는 일이 책을 만드는 일이라 이 또한 하느님이 허락하시지 않았나 싶다.

　이 책에 옮기지 못한 체험들도 너무 많지만, 그러나 엽서 한 장도 제대로 채우지 못하는 글쓰기 재능으로 책을 쓰려니 쉽지 않음을 고백한다.

　그래도 신기한 것은 하나하나의 체험담을 쓸 때 마다 바로 어제 일 같이, 숫자까지 기억을 되살려 주셔서 하느님의 간섭을 느끼며 감사하고 두렵다.

　하느님의 이야기가 아닌 나의 이야기가 될까 봐!

2014년 3월
양 수 복 율 리 아

하느님 이것도 우연인가요

2014년 4월 초판 발행
2014년 4월 초판 1쇄

출판 : 도서출판 다니엘123　　02) 2265-1898
디자인 · 제작 : 현기획　　　　　02) 2265-1898
북디자인 : 서동희
표지그림 : 안경환
켈리그라피 : 김호룡

ISBN ISBN　978-89-97788-23-1

책값은 뒷표지에 있습니다.

※파본은 본사나 구입하신 서점에서 교환해 드립니다.